독립생활보다
시간독립부터
먼저
하셔야겠습니다

1시간 60분, 1일 24시, 1년 365일,
시간은 공평하다.
그런데
똑같은 자산을 가지고 사용하지만
결과는 다르다!

나와 같은 선상에 있었던 사람들을
오랜 시간이 지나
만나게 될 때,
우리는 시간이 만들어놓은
다른 결과를 보게 된다!

독립생활보다 시간독립부터 먼저 하셔야겠습니다

지은이 이영직
펴낸이 이종록 펴낸곳 스마트비즈니스
등록번호 제 2016-000196호 등록일 2005년 6월 18일
주소 경기도 고양시 일산동구 정발산로 24, 웨스턴돔타워 T4-414호
전화 031-907-7093 팩스 031-907-7094
이메일 smartbiz@sbpub.net
ISBN 979-11-6343-031-5 03320

초판 1쇄 발행 2020년 9월 18일

※ 저자 이영직 선생님은 2020년 4월 16일에 갑작스러운 심장마비로 세상을 떠나셨습니다.
이 책은 고인의 마지막 유작입니다. 이 자리를 빌려 다시 한 번, 삼가 고인의 명복을 빕니다.

일과 삶의 밸런스를 위한 '시간독립 프로젝트!'

독립생활보다 시간독립부터 먼저 하셔야겠습니다

| 이영직 지음 |

Sb
smart business

머리말

시간을 내 편으로 만드는 것,
당신이 가져야 할 '1순위 습관'이다!

이 책의 원고를 쓰느라 땀흘리고 있을 때, 친구에게서 가족과 함께 동해안으로 피서를 간다고 연락이 왔다. 잘 다녀오라는 인사를 하고 며칠 후에 전화를 했더니 말도 말란다. 끔찍한 며칠이었단다.

평소 꼼꼼한 그의 성격대로 숙소는 물론 둘러볼 명소까지 지도, 교통편, 입장료까지 챙겨 갔다. 하지만 태풍 때문에 바닷물에는 발도 담가보지 못하고, 동해안 명소들은 한 군데도 가보지 못했단다. 숙박비와 음식 값은 왜 그리 비싼지 바가지만 쓰고 왔단다.

세상일은 그리 간단하지 않다. 꼼꼼한 계획과 노력으로 이룰 수 있는 일이 있고, 아무리 노력해도 안 되는 일이 있다. 여러 변수가 기다리고 있는 일은 나만의 노력으로 모두 되는 것이 아니다.

따라서 모든 계획은 현실의 기반 위에서 외부 요인을 감안하여 융통성 있게 작성해야 한다. 처음의 계획대로 완벽하게 추진되는 장기적인 프로젝트를 본 적이 있는가? 엘론 머스크가 처음부터 인간의 화성 이주라는 마스터플랜을 가지고 기업을 일으킨 것은 아니라는 이야기다.

그는 이렇게 말한다.

"가슴속 열망 때문에 될 것 같아서 도전했고, 해보니 되더라."

계획이 능사가 아니다. 그럼에도 계획이 필요한 이유는 무엇일까?

외국 회사에 근무하는 한 지인의 이야기다. 국내 대기업에 다니다 외국 회사에 입사하니 일을 지시하는 사람이 아무도 없더란다. 한국 기업에서는 상사의 지시로 움직이다가, 지시하는 사람이 없으니 끈 떨어진 연처럼 공중에 붕 뜬 느낌이더란다.

나중에서야 외국 기업에서는 스스로 계획을 세우고, 스스로 실천하는 시스템이라는 것을 알았다. 스스로 계획을 세우고, 스스로 일을 하니 같은 일을 해도 훨씬 더 자유롭더라는 이야기다.

이것이 시간독립이다. 내가 하는 일의 주체가 되자는 것이다. 그래서 계획이 필요하다.

이제 이 책의 주제인 '시간'으로 돌아가보자. 우리나라 사람들은 늘 바쁘다. 직장인들의 일하는 시간은 OECD 국가 중 가장 길다. 주부들과 아이들도 바쁘기는 매한가지다. 이처럼 시간 부족에 시달리는 것은 시간을 효율적으로 쓰지 못하기 때문이다. 일의 우선순위가 없이 좌충우돌하다 보니 늘 시간이 없다. 그렇게 바쁘게 사는데도 뭣 하나 제대로 이루어놓은 것이 없으니, 계획적으로 살지 못한 것이다.

계획적이란 방향을 의미한다. 장기적인 목표, 중기적인 목표, 단기적으로 해야 할 일이 유기적으로 연결될 때 계획적이고도 효율적인 삶이라고 말할 수 있다. 10년 후 10억 원을 모으겠다면 단기적으로는 외식 금지, 택시 타지 않기, 재활용품 활용하기, 가계부 작성하기 등의 구체적인 실천 계획이 뒤따라야 한다.

희망사항의 나열은 계획이 아니다. 일도 잘하고, 외국어도 잘하고, 프레젠테이션도 잘하고, 글도 잘 쓰고, 다이어트도 성공해서 몸매도 날씬하게 가꾸고…….

이런 것은 계획이 아니다. 모든 계획은 현실에 기초해야 한다. 현실적인 나의 능력으로, 나의 노력으로 이룰 수 있는 범위 이내여야 한다. 그래서 희망사항의 나열이나 실천이 담보되지 않은 계획은 계획이 아니다.

고대 그리스 철학자 아리스토텔레스는 현실적인 '실천'의 소중함을 가르쳐준 철학자였다. 스승 플라톤이 이상주의자였다면, 아리스토텔레스는 현실주의자였다.

그는 이렇게 말한다.

"실천이 곧 계획이다."

모든 계획은 현실적이어야 하며 외부 요인을 감안하여 융통성 있게 작성되어야 한다. 그리고 모든 계획은 진정성이 있어야 한다. 진정성이란 자신과의 약속이다. 진정성 없는 계획은 나 자신부터 믿지 못한다. 자신을 설득하지 못하는 계획이 이루어질 가능성은 전무하다.

하버드 대학에서 첫 수업은 생애의 시간관리로 시작된다. 세상 모든 일은 시간의 함수다. 목표가 뚜렷한 사람은 자연스럽게 시간을 아껴 쓰게 된다. 신입생들에게 생애의 목표를 설정하고, 이를 몇 단계 계획으로 수립하여, 어떻게 관리할 것인가를 가르치는 것이다.

대학을 다니는 동안 뚜렷한 목표를 설정했던 사람과 그렇지 않은 사람을 추적해봤더니, 25년이 지나는 시점에서부터 확연히 차이가 났다. 여기서 나온 경구가 "신은 시간을 아끼는 사람을 가장 앞세운다."라는 것이다.

물질과 정신은 상반된다. 물질이 풍요로우면 정신은 고갈되고 만다. 행복의 발원지가 정신에 있다면, 현대문명이 선물한 복잡한 물건들을 멀리하는 것이 일의 능률 향상과 정신건강에 도움이 된다. 그 정신적인 여유로움, 그것이 시간독립이다.

스티브 잡스가 가구 하나 없는 방, 희미한 조명 아래에서 명상에 잠겨 있는 모습을 기억할 것이다. 가급적이면 신용카드, 스마트폰, TV를 멀리하기 바란다. 이 세 가지만 없어도 우리는 많은 시간적 여유를 가질 수 있다.

작가 애드리언 새비지는《슬로 리더십》에서 풍요로운 삶을 위해서는 심플하게 살라고 권한다. 그러면서 초간단 삶을 추구하는 현대인들에게 몇 가지 인생 지침을 내놓았다. 이것이 인터넷 사이트 라이프핵www.lifehack.org에서 화제가 되고 있다.

라이프핵lifehack은 life와 hacking의 합성어로 어려운 문제를 쉽게 해결하는 기술 정도로 정의할 수 있다. 원시인들이나 아메리칸 인디언들이 별다른 도구 없이 쉽게 문제를 해결하는 것과 같은 맥락이다.

그는 이렇게 주장한다.

- 성급하게 결론으로 점프하지 마라.
- 상황을 극적으로 꾸미지 마라.
- 습관적으로 규칙을 만들지 마라.
- 완벽한 그 무엇을 추구하지 마라.
- 한 번의 실패를 완전한 패배라고 생각하지 마라.
- 지금 내 감정이 진짜라고 믿지 마라.
- 과거에 집착하지 마라.

세상사 수학이나 과학이 아니라면 완벽한 정답은 없다. 독자 여러분들은 이 책에서 시간독립을 위해, 한두 가지만이라도 자신의 신조로 삼아 꾸준히 실천한다면 분명 좋은 결과가 있을 것이다.

하루 관리가 잘되는 사람이 1년도 잘 관리한다. 잘 관리된 1년들이 모여, 평생이 된다. 자기 시간에 단호한 사람이 훨씬 여유로운 삶을 산다. 시간을 내 편으로 만드는 것, 이것이 여러분이 가져야 할 '1순위 습관'이다.

주위를 둘러보면 돈을 아끼는 짠돌이만큼, 시간을 아끼는 시간 자린고비들이 많다. 돈도 있는 사람이 더한다는 말처럼 시간을 아껴본 사람이 시간의 소중함을 안다. 그래서 그들은 똑같이 주어진 물리적인 시간을 자신만의 주관적인 시간으로 소중하게 쓴다.

이 책을 통해 시간이 누구에게나 똑같이 흐르지 않는다는 사실을 깨우쳤으면 한다. 그래서 새로운 각오로 출발할 수 있는 작은 계기가 된다면, 필자로서는 영광일 것이다.

INSIGHT

01

물리적 시간 VS 주관적 시간

크로노스적인 시간 VS 카이로스적인 시간

시간은 볼 수도 만질 수도 없는 존재다. 시간은 실재하는가, 아니면 인간이 편의적으로 만들어낸 개념에 불과한가? 시간은 늘 일정한 속도로 흐르는가, 아니면 정지하거나 역행할 수도 있는 것인가? 하나님이 세상을 만들 때 시간도 같이 태어난 것일까? 그렇다면 그 이전에는? 세상 종말 이후에는?

시간에 대한 의문은 끝이 없다. 그래서 시간은 수많은 철학자, 종교인, 과학자들을 곤혹스럽게 만들었다.

성 아우구스티누스는 《고백록》에서 이렇게 고백하고 있다.

"아무도 내게 묻지 않는다면 나는 시간에 대해서 알고 있다. 그러나 누군가에게 시간을 설명하려 한다면, 나는 시간에 대해 아무것도 모른다.”

시간의 신비에 관한 말이다. 시간이란 무엇인가?

시간을 정의하는 문장 중에 ‘시간’이라는 단어를 사용해서는 안 된다. 물을 보자.

‘물’이라면 이렇게 정의된다.

물 : 산소와 수소가 화학적으로 결합된 물질로 색깔, 냄새, 맛이 없으며 상온에서는 액체 상태로 존재하다가 0℃ 이하에서는 고체로 변하고, 100℃ 이상에서는 기체로 존재한다. 고체 상태를 얼음이라 하고 기체 상태를 수증기라 부른다.

시간에 대해 백과사전적으로는 이렇게 정의된다.

시간 : 과거, 현재, 미래로 이어져 일정한 속도로 무한히 이어지는 흐름이다.

별로 마음에 들지 않는다. 더구나 시간의 절대성은 아인슈타인에 의해 이미 깨지지 않았는가. 현대적인 상식과 맞아야 한다. 아인슈타인에 의하면 시간의 흐름은 빨라지기도 하고 느려지기도 한다. 이런 조건에 맞는 멋진 정의를 기다린다.

할아버지, 아버지, 아들에게
1년이라는 시간은 다르다.
70살인 할아버지에게는
인생의 1.4%로 느껴지고,
40살인 아버지에게는
인생의 2.5%로 느껴지고,
5살 아들에게는
자신이 살아온 삶의 1/5로 느껴지는 것이다.

그래서 세월은 나이에 비례하는 속도로 흐른다는 말은 거짓이 아니다. 그 이유에 관해서는 몇 가지 이론이 있다. 하나는 시간이란 사건의 기억으로 느낀다는 이론이다. 젊어서는 온갖 새로운 경험으로 충만하지만, 나이가 들면 감동이 적어져 기억에 남는 일 또한 적어진다는 것이다. 기억의 달력에 많은 사건이 기록된 젊은 시절은 길게 느껴지고, 나이가 들면 짧게 느껴지는 것이다.

다른 이론은 피가 뜨거운 젊은 시절에는 마음이 급하기 때문에 세상의 변화가 느리게 느껴져 시간이 천천히 흐르는 것처럼 생각되지만, 나이가 들면 그 반대라는 것이다. 이는 강둑을 걷는 사람으로 비유되기도 한다. 팔팔하게 젊을 때는 강물보다 빨리 걷지만, 나이가 들수록 걸음의 속력이 느려져 마침내 강물이 사람을 앞질러 가게 되는 것과 같다. 강물은 한결같이 흐르는 세월이다.

절대적인 시간과 상대적인 시간

2017년 구 서울역사에서는 아주 재미있는 전시회가 열린 적이 있다. 〈프로젝트 284 : 시간여행자의 시계〉다. 문화부가 주최하고 서울역에서 주관하는 전시회였다. 284는 서울역사가 자리한 지역의 번지로 보인다.

100명의 작가들이 시간에 대한 의미를 가지고 흥미로운 작품을 출품한 것이다. 시간을 주제로 한 작품을 전시하고, 공연하고, 퍼포먼스와 워크숍 등 다양한 행사가 열렸다. 관람객들로 하여금 보고, 듣고, 느끼게 하는 융합 문화행사였다.

필자가 보기에 가장 흥미로웠던 것은 전시장에 놓여 있던 쓰레기통 하나였다. 그 안에는 종이가 가득차 있었다. 속으로 혼잣말을 했다.

'쓰레기통이라면 보이지 않는 곳에 둘 일이지.'

그러나 곧 그 쓰레기통 자체가 전시품이요, 일종의 퍼포먼스였다는 사실을 알게 되었다. 그 안에 가득한 종이들은 모두 관람객들이 버린 것으로, 기억 속에 남아 있는 '지우고 싶은 순간들'을 종이에 적어 쓰레기통에 버리면 지우고 싶은 순간도 사라진다는 거였다. 재미있는 발상이라며 감탄했던 기억이 난다.

고전물리학을 완성시킨 뉴턴은 시간과 공간이 절대불변의 실체며, 이로부터 구성된 우주 역시 변하지 않는 견고한 세계라고 생각했다. 그리고 이 불변성은 우주 어디서나 적용되는 보편적인 개념으로 시간은 빨라지거나 느려지지 않으며, 공간은 늘어나거나 줄어들지 않는다. 그러나 상대성 이론이 등장하면서 시간과 공간은 상대적인 것으로 변했다.

시간은 주관적이며 관찰자와 관찰되는 대상 모두에게 상대적이라는 것이다. 아인슈타인에 의하면 시간과 공간은 분자와 분모의 관계로 서로 맞물려 있다. 공간이 사라지면 시간도 사라진다. 시간은 중력장에 의해 휘어지고 정지해 있는 사람에게는 빠르게 흐르지만, 빛의 속도로 움직이는 사람에게 시간은 정지하고 만다.

시간의 상대성 이론을 이해할 수 없었던 사람들이 아인슈타인에게 물었다.

"시간의 절대성과 상대성이 대체 무엇입니까?"

그러자 아인슈타인이 대답했다.

"미녀와 함께하는 1시간은 1분처럼 느껴지지만, 뜨거운 물속에 손을 담그고 있으면 몇 초가 몇 시간처럼 느껴질 것입니다."

그러나 이는 비유일 뿐 물리학적으로 정확한 설명은 아니다. 정확한 설명은 '시간과 공간은 맞물려 있으며 지극히 주관적이어서, 절대적인 시공간은 없다'는 것이 된다.

우리 민담에 나무꾼의 도끼자루 이야기가 나온다. 한 나무꾼이 깊은 산속으로 나무를 하러 갔다가 신선들이 두는 바둑을 두어 판 구경하고 돌아보니 도끼자루가 썩어 있더라는 이야기다. 나무꾼이 바둑을 구경하는 동안 3년의 세월이 흐른 것이다. 이처럼 무슨 일이든 재미있게 몰입하면 시간이 빠르게 흐른다는 것을 비유한 이야기다. 마찬가지로 좋아하는 일은 시간 가는 줄 모르지만 싫은 일은 지겹기만 하다.

크로노스와 카이로스

그리스 신화에도 두 개의 시간 개념이 존재한다. 크로노스Chronos적인 시간과 카이로스Kairos적인 시간이다. 크로노스적인 시간은 지구의 공전, 자전에 의해 생겨난 물리적인 시간이다.

지구가 태양을 한 바퀴 도는 시간을 일 년, 지구가 한 바퀴 자전하는 24시간을 하루로 정한 것이다. 이 시간은 봄–여름–가을–겨울로 이어지고, 밤낮이 교차하면서 과거–현재–미래로 흘러간다. 이것이 뉴턴적인 시간이다.

크로노스적인 시간이
절대적이고도 물리적인 시간이라면,
카이로스적인 시간은
주관적인 시간이며
'새로운 기회'라는 의미를 가진다.

이탈리아 토리노 박물관에는 고대 그리스의 조각가 리시포스가 조각한 카이로스의 동상이 있다. 그 동상은 모습이 괴상하다. 벌거벗은 몸에 앞머리는 무성하고, 뒷머리는 민둥산이며 날개를 달고 있다.

벌거벗은 것은 누구에게나 쉽게 눈에 띄기 위함이고, 앞머리가 무성한 이유는 사람들이 기회를 쉽게 잡을 수 있도록 하기 위함이다. 뒷머리가 민둥산인 것은 한 번 지나간 기회를 사람들이 잡지 못하도록 하기 위함이다. 그래서 기회다 싶으면 최선을 다해 잡아야 한다는 의미로 해석된다.

크로노스와 카이로스는 할아버지와 손자다. 크로노스의 아들 제우스가 아버지를 지하 감옥에 유폐시키고 왕이 된 다음에, 그 제우스에 의해 태어난 아들이 카이로스인 것이다.

카이로스적인 시간은 또 '특별한 의미'를 부여할 수 있는 시간이기도 하다. 동일한 일상의 반복은 크로노스적인 시간이지만, 특별한 의미를 부여할 수 있는 시간은 카이로스적인 시간이다. 어떤 일에 깊이 몰입하는 것도 카이로스적인 시간 개념이다. 아인슈타인의 상대적인 시간은 카이로스적인 시간이었다. 붓다가 깨달음을 얻던 순간은 물리적인 시간이 멈춘 초월의 시간이었을 것이다.

역사에도 두 가지 접근법이 있다. 사실의 기록을 나열한 것을 독일어로 히스토리에Historie라 하고, 의미를 가진 시각으로 풀이한 역사를 게쉬크테Geschichte라 한다. 역사를 크로노스적으로 접근하면 흘러간 시간 속에서 발생한 사건들을 시간적으로 나열한 것에 불과하다. 그러나 역사를 사건의 나열이 아니라, 그 사건에다 어떤 '의미'를 부여한 것이 '게쉬크테'다.

영국의 역사학자 E. H 카는 그의 명저 《역사란 무엇인가?》에서 이렇게 말한다.

"역사는 과거와의 대화다."

역시 카이로스적인 접근법이다. 아무리 소소한 자투리 시간이라도 몰입도에 따라서 카이로스적 시간으로 활용할 수 있다는 의미다. 이것이 시간관리 프로젝트의 핵심이다.

시간관리의 경지를 개척한 두 사람

어느 분야든 크게 성공한 사람들은 거의가 시간관리의 달인들이었다. 시간관리도 두 개의 측면으로 나눌 수 있을 것 같다. 관리형과 몰입형이다. 관리형은 칸트와 벤저민 프랭클린처럼 의지적으로 시간을 철저히 관리한 경우고, 몰입형은 아인슈타인이나 피카소처럼 모든 시간을 하나의 주제에 쏟아붓는 경우다.

칸트는 언제나 새벽 5시에 일어나 가벼운 운동으로 몸을 풀고는 독서를 했다. 낮에는 대학에서 강의하고, 오후 3시 30분이면 산책을 나갔다. 칸트의 산책 시간이 얼마나 정확했던지 사람들은 그가 산책하는 것을 보고 시계를 맞출 정도였다. 칸트에게 시간관리란 자신과의 약속이었고, 언제나 그 약속을 지키려고 노력했다.

1분, 1초도 낭비하지 않았던 칸트는 이렇게 말한다.

"먼저 일의 순서를 정하라. 훌륭한 업적을 남긴 사람들은 일의 우선순위를 가지고 있었다. 순서가 정해지면 매섭게 돌진하는 것이다."

"달콤한 유혹에 빠지지 마라. 놀고 싶은 유혹에 빠지거나 오늘 해야 할 일을 내일로 미루면서 시간을 낭비하지 마라."

"공부든, 놀이든 최선을 다하라."

미국 화폐에 등장하는 인물 가운데 대통령이 아닌 유일한 사람이 벤저민 프랭클린이다. 100달러 지폐에 등장하는 인물이 바로 그다. 그는 정치가, 외교관, 과학자, 발명가로 화려한 삶을 살았다. 독립전쟁 때는 프랑스의 경제적, 군사적 원조를 얻어내 승리에 결정적으로 기여해 독립을 쟁취해낸 인물이기도 하다. 토머스 제퍼슨과 함께 미국 독립선언문을 작성했으며, 미국 헌법의 뼈대를 만든 사람도 그였다. 피뢰침과 다초점 렌즈를 발명한 과학자이기도 했다.

이처럼 화려한 삶을 살았지만 그는 정규교육이라고는 2년밖에 받지 못했다. 가난 때문에 초등학교 2년을 다닌 후 학교를 그만두고 형이 운영하는 인쇄소에서 일을 배웠다. 그 덕분에 인쇄 기술을 익히고 글 쓰는 일에 눈을 떴다. 보스턴으로 가서 인쇄업자로 성공하면서 본격적으로 글을 쓰기 시작했다.

프랭클린은 자신의 부족한 공부를 보충하기 위해 준토Junto라는 독서 모임을 만들었다. 12명의 구성원들이 일주일에 한 번씩 모여 정치, 경제, 도덕, 철학 등의 분야에 관한 책을 읽고 자신의 의견을 발표하고 토론하는 모임이었다. 이 모임이 30년 동안 지속되었다고 하니, 대학보다 더 훌륭한 모임이었을 것으로 추측된다.

그후 펜실베이니아 대학에 도서관을 설립했고, 펜실베이니아 하원 의원으로 진출하면서 정치에 입문했다. 대통령 빼고는 거의 모든 요직을 거친 인물이다.

그는 자신이 이루고자 하는 목표를 장기 목표와 단기 목표로 나누고 이를 다시 주간, 월간, 연간으로 나눠 매일매일 해야 할 일들을 계획하고 실천했다. 그의 수첩을 본뜬 '프랭클린 플래너'라는 자기계발 다이어리가 지금도 시중에서 인기리에 팔리고 있다. 우리나라에 프랭클린 플래너 모임까지 있을 정도다.

주간 계획표는 한눈에 파악할 수 있도록 정리하는 게 좋다. 가로축에는 일주일의 날짜가, 세로축에는 하루의 해야 할 일정을 정리하면 된다. 월간은 탁상용 캘린더를 사용해도 좋다. 연간은 탁상용 캘린더의 맨 앞에 있는 연간 달력을 이용해 가장 핵심적인 이슈 리스트들을 기록하면 된다.

중요한 것은 시각화다. 시각화를 하면 일정 전체를 예상해서 시간 배분을 의식하게 되는 것이다.

02

시간독립

가장 바쁜 사람이 시간적 여유가 가장 많다

1시간 60분, 1일 24시, 1년 365일, 시간은 공평하다. 아이든 어른이든, 남자든 여자든, 부자든 가난하든 누구에게나 공평하다. 시간이 돈처럼 자산이라면, 흙수저와 금수저의 구분도 없다. 누구에게나 평등하다.

그런데 똑같은 자산을 가지고 사용하지만 결과는 다르다. 누군가는 더 많은 성과를 내고, 누군가는 상대적으로 적은 성과를 낸다. 나와 같은 선상에 있었던 사람들을 오랜 시간이 지나 만나게 될 때, 우리는 시간이 만들어놓은 다른 결과를 보게 된다.

시간이 없어서 뭘 못한다고 불평하는 사람은 많다. 그런데 이상하다. 늘 새로운 일을 벌이거나, 더 많은 일을 한 사람들은 바쁜 사람들이니까 말이다.

주위를 둘러보면 돈을 아끼는 짠돌이만큼 시간을 아끼는 시간 자린고비들이 많다. 돈도 있는 사람이 더한다는 말처럼, 시간을 아껴본 사람들이 시간의 소중함을 안다. 그래서 그들은 똑같이 주어진 물리적인 시간을 자신만의 주관적인 시간으로 소중하게 쓴다.

타임 푸어족

한 조사에 의하면 우리나라 20~40대 직장인들의 일하는 시간은 점심 시간을 제외하고도 야근이 없는 날은 9시간 42분, 야근이 있는 날은 11시간 9분 정도로 나타나고 있다. 여기에 출퇴근 시간과 의무적으로 참석해야 하는 회식 시간까지 감안하면 휴식과 문화생활, 자기계발이나 건강을 돌볼 여유가 없다.

잡코리아에서 조사한 바에 따르면 우리나라 직장인의 64.5%가 스스로 시간 부족에 시달린다고 호소했다.

보통 직장인들의 하루 일과를 보자. 6시에 일어나 아침은 먹는 둥 마는 둥 집을 나선다. 출근 전 30분이라도 러닝머신을 타겠다고 연초부터 계획을 세우고 비싼 기계까지 구입했지만 실천은 1~2주나 했을까, 나머지는 모두 공염불이 되었다. 잠자리에 들기 전 30분 동안 외국어 공부를 하겠다고 결심한 것도 마찬가지다.

직장에 출근해서 쌓인 이메일을 확인하고 있을 때 팀원 전원이 참석하는 회의가 소집된다. 상사가 소집한 회의다. 실적이 부진한 직원들 몇 명이 야단을 맞고서 상사의 훈시가 시작된다. 그러고 나면 11시, 곧 점심 시간이다. 식사를 하고 아메리카노 한 잔 마시고 사무실로 들어와 일 좀 챙기려 할 즈음, 이번엔 부장이 부른다.

"지난주에 내가 지시한 업무는 어떻게 된 거야?"

"넵, 오늘까지 마무리하겠습니다."

그다음에는 거래처나 관련 부서 직원들과 전화 통화 몇 번 하고 자료 좀 찾다 보면 오후 4시가 넘어간다. 퇴근 무렵이 되면 정신없이 허둥대지만 해놓은 일이 아무것도 없다. 머리도 무겁고 피곤하다. 이제 집에 가서 푹 쉬어야지 하고 있을 때 회식이 있단다.

한국의 아이들도 바쁘기는 매한가지다. 학교 수업이 끝나면 학원에 가야 한다. 초등학생은 피아노, 태권도, 수영을 배워야 하고 중학교 이상이 되면 영어, 수학 등 중요 과목은 별도 과외도 받는다. 대치동 학원가에는 수도권 학생들이 다 모인다. 엄마들이 데려다 주고, 데려 오는 것이다.

한국의 아이들은 엄마가 짜주는 일과의 노예로 살고 있다. 한 방송에 출연했던 초등생에게 사회자가 물었다.

"엄마가 좋아하는 일과 싫어하는 일을 어떻게 구분하나요?"

"해서 재미있는 건 엄마가 싫어하는 것이고, 재미없는 건 엄마가 좋아하는 일이에요.”

기막힌 대답이다. 재미있는 게임을 하면 엄마에게 야단맞지만, 하기 싫은 공부를 하면 엄마가 상을 주는 것이 한국 어린이들의 현실이다. 놀이가 공부가 되고 공부가 놀이가 되는 그런 방법은 없을까?

이처럼 시간에 쫓기는 사람들을 타임 푸어Time poor족이라고 부른다. 경영학자 피터 드러커는 시간에 대해 이렇게 말한다.

“시간은 최상의 자원이어서 적절히 관리하지 못하면 아무것도 이룰 수 없다.”

피터 드러커가 말하는 시간관리는 자신의 가치관, 추구하는 목표에 시간을 효율적으로 배분하라는 의미일 것이다.

전투와 광합성

취재차 한국을 방문했던 한 호주 기자는 한국인들의 일상을 마치 ‘전투’와 같다고 했다. 반면 매사에 느긋한 호주인들의 일상을 ‘늦은 봄날 햇볕을 받으며 흙담에 기대어 광합성을 하는 기분’이라고 했다.

참 기막힌 표현이다. 호주인의 일상은 늘상 쫓기듯 살아가는 우리에게 부러움의 대상이 아닐 수 없다. 한국이 ‘빨리빨리’ 사회라면 매사에 느긋한 호주는 ‘느림’의 사회인 것이다.

퓰리처상을 수상한 맹렬 여기자였고, 《타임 푸어》라는 책을 쓴 브리짓 슐트 역시 타임 푸어족 출신이다. 기자로서의 일에도 열정적이었고, 두 아이를 키우는 엄마로서의 역할도 모범적이었다. 그 외에도 빨래, 설거지와 같은 잡다한 집안일까지 도맡으려니 조금의 여유도 없다. 한번은 딸아이가 소풍을 가자고 조르는 바람에 다녀와서는 밤을 꼬박 새면서 기사를 쓰기도 했다.

이렇게 시간에 쫓기던 그녀는 어느 날 문득 깨달았다. 일과 엄마로서의 역할 모두에서 모범이 되어야 한다는 강박관념이, 자신을 타임 푸어족으로 만들었다는 사실 말이다. 그래서 시작한 연구가 '타임 푸어'였다.

타임 푸어에서 벗어나는 길은 시간을 효율적으로 쓰는 것이다. 세상을 살다 보면 크고 작은 일, 중요한 일과 긴급한 일, 쉬운 일과 어려운 일, 뜻밖의 일들로 항상 복잡하다. 그럴수록 우선순위를 잘 선택해야 한다.

일의 우선순위를 정해서 중요한 일에만 몰두하고, 나머지 일들은 한가할 때로 미루거나 다른 사람에게 맡겼더니 훨씬 더 시간 부족에서 자유로울 수 있었다. 세탁은 세탁소에, 집안의 자잘한 일은 일주일에 한 번씩 가사도우미를 부르는 방식이다.

시간관리의 달인으로 알려진 벤저민 프랭클린의 경우도 일만 한 것은 아니었다. 그의 유명한 시간관리 법칙에 '3-5-7-9 법칙'이 있다. 9시간 일, 7시간 수면, 5시간 식사 및 휴식, 3시간 자기계발이다. 휴식과 자신을 위한 투자에 시간을 아끼지 않았다. 물론 이 법칙이 모든 사람에게 유용한 것은 아닐 것이다. 자신에게 맞는 리듬을 만들어 실천하는 것이, 무엇보다 중요하다.

시간관리와 그 적들

뉴욕 시립대학 교수이며 《창조적 시간관리》와 《시간을 내 편으로 만들라》 등을 쓴 젠 예거는 시간관리에 들어가기 전에 '시간관리의 적들 8가지'를 제시하고 있다.

① 목표 과소평가

② 목표 과대평가

③ 절실함의 부족

④ 구체성 부족

⑤ 실패에 대한 두려움

⑥ 성공에 대한 두려움

⑦ 자존감 부족

⑧ 어수선함, 따분함, 잡념

이중 의외로 많은 사람들이 성공에 대해서도 두려움을 느낀다고 한다. 성공했을 경우 심리적 부담감, 주위 사람들의 질투에 대한 두려움이 적지 않다는 것이다.

계획은 첫 3일이 고비다. 이른바 작심삼일이다. 이 고비를 넘기면 다시 3주를 이겨야 한다. 3주는 면역이 형성되는 기간으로, 옛날에는 아이를 낳으면 대문에 금줄을 쳐서 3주 동안 외부인 출입을 막았다. 신생아의 면역이 형성되는 시간이 3주라는 것이다.

이 시기를 성공적으로 넘기면 절반의 고비는 넘긴 것이지만, 3개월이라는 마지막 고비가 남아 있다. 3개월이면 대략 100일이다. 이 고비를 넘기면 체질과 습관이 형성된다.

나이가 들어서 마라톤을 즐기는 사람들이 많다. 마라톤을 즐기는 사람 중에 중년을 넘어선 사람들의 성공 비율이 높다. 이유는 젊은이들처럼 서두르지 않기 때문이다.

처음부터 42.195km를 완주하려는
무모한 도전을 하지 않는다.
자신의 체력을 알기 때문이다.
처음에는 걷기부터 시작해
5km, 10km로 단계를 밟아 가면서
체질을 형성하고 습관을 만드는 것이다.
그래야 실패하지 않는다는 사실을
나이가 들면서 깨달았기 때문이다.

잡념 없애기

잡념이야말로 시간을 좀먹는 가장 나쁜 습관이다. 책상에만 앉으면 이런저런 잡념으로 집중이 안 된다는 사람들이 의외로 많다. 잡념이 생긴다는 것은 반대로 해석하면 시간적 여유가 있다는 이야기다. 시간의 효율적인 사용처가 없으면 잡념으로 이어지게 된다. 수많은 일상의 근심, 걱정, 갈등과 같은 잡념이 꼬리를 문다.

근심, 걱정, 갈등과 같은 잡념들은 어둠 속에서는 먹구름처럼 피어난다. 그러나 밝은 곳으로 나오면 꼬리를 감춘다. 이럴 경우 뒤집어 쓰고 있던 이불을 걷어차고 일어나 책상 앞에 앉아라. 책상에 앉아 백지를 펴놓고 잡념의 정체를 꼼꼼히 메모해보는 것이다. 그러면 별 것 아닌 잡념들이 대부분이다. 잡념의 종류 중에서 시간이 지나면 해결될 일을 골라 아예 잊어버려라. 시간이 지나도 해결되지 않을 일이 있으면 그 해법을 찾아라.

오늘의 할 일을 명확히 해두면 잡념이 들어설 자리가 좁아진다. 데드라인도 마찬가지다. 당장 눈앞에 떨어진 일을 그만두고 잡념에 빠질 수는 없을 것이다. 오늘 할 일을 꼼꼼히 메모하는 데 대략 15분이 걸린다.

또 전문가들은 잡념이 생기면 무언가 단순 작업을 해보라고 권한다. 가정주부들이라면 뜨개질 같은 것으로 잡념을 떨쳐 버릴 수 있다. 아니면 짧은 우리말을 영문으로 옮겨보는 것이다. 그리고 나중에 사전을 찾아 자신의 표현이 맞는지를 확인해보는 것이다. 재미도 쏠쏠하다.

현재에 집중하라. 어떤 학생들은 몰래 영어 시간에 수학 공부를 하고, 수학 시간에 영어 공부를 한다. 그래선 안 된다. 공부 잘하는 비법은 멀리 있지 않다. 현재에 집중하는 것이, 결국 저축으로 쌓인다는 것을 명심하자.

무엇보다 잡념을 퇴치하기 위해서는 외부의 자극을 줄여야 한다. 외부의 자극은 연상 작용을 일으키기 때문에 잡념이 꼬리에 꼬리를 물고 나타날 수 있다. 어느 전문가는 '2분 동안 실컷 걱정하기'를 권한다. 딱 2분 동안 온갖 잡념에 잠겨보라는 것이다. 그러고 나면 문제의 답이 보이거나 잡념이 사라질 수 있다고 한다.

가장 시간이 많은 사람

에디슨은 백열전등, 축음기, 영화 등 세상에서 가장 많은 발명품을 남긴 사람으로, 그가 가진 특허 개수만 해도 1,093개에 이른다. 에디슨이 가장 싫어하는 말은 '시간이 없어서'였단다. 중요하고 급한 일은 가장 바쁜 사람에게 맡기는 것이 가장 효과적이다.

영국의 수필가 찰스 램의 이야기다. 그는 동인도회사에 취직해 33년간 직장생활을 했다. 그러니까 그의 작품들은 대개 직장생활의 바쁜 와중에 쓰여진 것들이었다. 그는 글을 실컷 쓰고 싶어 정년퇴직을 기다렸다. 그리고 마침내 퇴직하게 되었다. 램은 뛸듯이 기뻤다. 그러나 그로부터 3년 후, 찰스 램은 옛 동료에게 편지를 보냈다.

“하는 일 없이 한가하다는 것이 바쁜 것보다 훨씬 괴롭습니다. 매일 할 일 없이 빈둥대다 보면 자신도 모르는 사이에 자신을 학대하는 마음이 생기는 것 같습니다. 좋은 생각도 일이 바쁜 가운데서 떠오른다는 것을 이제야 깨달았습니다.”

가장 바쁜 사람이 시간적 여유가 가장 많다는 이야기다.

03

몰입

시간의 밀도를 높여라

독일 문학을 세계적 수준으로 끌어올린 위대한 작가 괴테는 몰입의 대가였다. 대가라기보다는 어느 하나에 빠지면 거의 식음을 잊고 빠져드는 유형이었다. 수많은 사람들의 심금을 울린 《젊은 베르테르의 슬픔》을 보자.

베르테르는 마을에서 아름다운 소녀, 로테를 만났다. 그러나 그녀는 이미 11살 위인 알베르트와 약혼한 사이였다. 베르테르는 그 사실을 알면서도 로테의 천진난만하고 솔직한 성격에 끌려 매일 그녀를 찾아간다. 그리고 사랑에 빠진다.

그녀를 잊기 위해 마을을 떠났다가 돌아왔을 때 그녀는 이미 결혼한 상태였고, 그녀의 남편에 대한 존재를 인정하면서도 고통은 전보다 더했다. 그녀는 베르테르의 사랑을 의식하면서 남편에 충실하기 위하여 베르테르와의 거리를 두게 된다. 베르테르는 고통을 견디지 못해 권총으로 자살하고 만다.

괴테는 이 작품을 1776년 1월과 3월 사이, 6주 만에 완성했다. 무서운 몰입이다.

헝가리 출신의 미국 심리학자 미하이 칙센트미하이는《몰입의 즐거움》에서 몰입을 이렇게 정의한다.

"몰입은 나와 사물이 완전히 하나가 되어 황홀감에 빠져드는 몰아沒我의 경지다."

그는 또 몰입Flow에 대해 "어떤 일에 집중해 내가 나임을 잊어버릴 수 있는 심리적 상태며, 이때는 자아마저 사라진다."라고 말한다. 아마도《젊은 베르테르의 슬픔》을 쓴 괴테는 자신의 경험을 바탕으로 쓴 것이었으니 더욱 그러했을 것이다.

몰입의 경지에 들면 시간을 초월하게 된다. 몇 초가 영원처럼 느껴지기도 한다. 살아오면서 시간 가는 줄 모르고 무언가에 몰입했던 기억이 한두 번은 있을 것이다. 이게 좀 더 발전하면 '나'가 누구인지도 잠시 잊어버리는 경지에 이른다.

이를 노자는 무아지경無我之境, 물아일체物我一體의 경지라고 불렀다. 만물과 내가 한몸이라는 뜻으로 바깥 사물과 나, 물질계와 정신계가 하나로 이루어진 상태를 말한다.

발명가, 운동선수, 예술가들이 경험하는 그런 세계다. 2008년 유에스 오픈 챔피언십에서 8m 퍼팅을 성공시키면서 우승한 타이거 우즈는 모자를 벗어던지며 어퍼컷 세리모니를 했다.

그리더니 잠시 후 캐디에게 이렇게 물었다.

"왜 내 모자가 저기에 있지?"

이런 게 몰입의 경지다. 칙센트미하이는 한때 등반가였다. 정상에 올랐을 때의 그 짜릿한 맛에 취해 몰입에 관심을 가지게 되었다. 그 후 수천 명을 인터뷰하면서 얻은 대답은 자기 일에 열정적인 사람들이 가장 큰 만족을 느낀다는 것이었다. 각자 표현은 좀 달랐을망정, 그게 바로 몰입이었다.

칙센트미하이는 '몰입을 위한 7가지 조건'을 제시했다.

① 분명한 목표가 있어야 한다.

② 어느 정도 잘하고 있는지를 알아야 한다.

③ 도전과 능력이 균형을 이뤄야 한다.

④ 행위와 인식이 하나가 되어야 한다.

⑤ 방해받는 것을 피해야 한다.

⑥ 자기 자신, 시간, 주변을 잊어야 한다.

⑦ 경험 자체가 목적이 되어야 한다.

오직 한 가지 생각에만 몰입한다

'몰입을 위한 7가지 조건'에서 가장 중요한 것이 바로 목표다. 스포츠 경기라면 승리하는 것과 같은 자신의 행동 목표가 설정되어야, 그 다음 단계로 나아갈 수 있다.

칙센트미하이는 분명한 목표가 있어야 한다는 건 목표를 달성하는 게 중요해서라기보다는 목표가 없으면 한 곳으로 정신을 집중하기가 어렵고, 그만큼 산만해지기 쉽기 때문이라고 말한다. 등반가가 산 정상을 목표로 오르고 또 오르는 것과 같은 맥락이다. 오직 한 가지 생각만 해야 한다. 아프리카 초원을 거닐다가 사자와 마주쳤다고 치자. 이때는 이 위기를 어떻게 빠져나갈까 하는 것 이외에는 아무 생각이 없을 것이다. 그런 상태가 바로 몰입이다.

어느 분야든 큰 업적을 이룩한 사람들은 거의가 이런 경지를 경험한다. 그리고 그런 경지를 경험해야만 세상을 바꿀 결과물이 나온다. 아마도 과학이나 예술 분야의 천재들 대부분이 그러할 것이다. 과학뿐 아니라 스포츠나 비즈니스 등 어느 분야라도 몰입과 집중이 필요하다.

비행기가 이륙하려면

시속 300km 정도의 속도로

3km의 활주로를

전속력으로 달려야 한다.

그래야 이륙에 필요한 양력을 얻을 수 있다.

달리다 멈추다 해서는

영원히 이륙할 수 없다.

일의 성취도 마찬가지다. 이륙에 필요한 절대 시간 동안 몰입을 해야 한다. 몰입하고 있는 동안에는 시간도 멈춘다. 우리가 어떤 생각에 골똘히 잠겨 있다가 문득 '지금 몇 시지?' 하는 경우가 바로 몰입의 시간이다.

사람이 어느 한 문제에 몰입해 있을 때는 뇌의 시냅스Synapse가 수백만 개에서 수억 개까지 증가한다. 시냅스란 한 뉴런에서 다른 세포로 신호를 전달하는 연결망이다. 그러다가 문제가 해결되면 도파민이 분비되면서 고도의 쾌감, 황홀감을 느낀다. 고승들이 느끼는 일종의 황홀경恍惚境일 것이다.

몰입도 훈련이다

훌륭한 성과를 내는 사람과 그렇지 못하는 사람의 차이는 몰입의 차이일 수도 있다. 일에 몰두하는 '시간의 밀도' 말이다.

《일주일은 금요일부터 시작하라》의 저자 우스이 유키는 말한다.

“나는 일주일은 월요일부터 수요일까지 3일밖에 없다고 생각하고, 모든 일을 3일 안에 끝내도록 노력한다. 일주일 중에 출근하는 날이 5일이니, 5로 나누는 게 일반적이다. 하지만 그런 사고방식으로는 그 주에 해야 할 일에 쫓겨 한 주가 끝나 버린다. 눈앞의 당장 급한 일밖에 보지 못하게 된다. 그래서 나는 그 주에 해야 할 업무는 월요일부터 수요일까지 3일 안에 끝내도록 하고 있다. 그래야 시간의 밀도를 높일 수 있기 때문이다.”

몰입은 슈퍼 의식의 각성으로 가능하다. 그리고 슈퍼 의식이 각성되면, 몰입 대상 외에는 감지가 되지 않는다. 그래서 시간과 공간이 잘 인식되지 않는다.

아르키메데스는 죽는 순간까지도 기하학 연구에 몰입하고 있었다. 로마군이 쳐들어오는 것도 모르고 땅바닥에 도형을 그리면서 도형을 연구하던 중 자신을 죽이러 다가오는 로마 병사도 몰라보고 이렇게 말했다.

“물러서라! 내 도형에 손대지 마라.”

아인슈타인이 지방 강연을 가기 위해 기차를 타고 있었다. 검표원이 차표를 보여달라고 하자, 그는 차표를 찾지 못해 쩔쩔매고 있었다. 그제야 아인슈타인을 알아본 검표원이 말했다.

“박사님, 괜찮습니다. 박사님 같은 분을 모신다는 것만으로도 영광입니다.”

그러자 아인슈타인이 말했다.

"자네는 괜찮을지 모르지만 나는 차표를 찾아야 어디서 내리는지 알 수 있단 말일세."

천재가 아니더라도 일생을 살면서 미쳤다는 소리를 들을 정도로 한 번쯤은 열정적인 삶을 살아봐야 한다. 젊은 날 연애하던 시절에는 눈만 뜨면 오직 연인 생각뿐이었을 것이다. 일도 연애하듯이 그렇게 해야 한다는 것이다.

공자도 몰입의 달인이었던 모양이다. 공자가 제나라에 갔을 때 순舜 임금을 주제로 한 음악을 듣고 3개월 동안 그 음악에 푹 빠져 있었다는 이야기가 전해진다. 너무나 몰입한 나머지 음식 맛을 구분하지 못할 정도였다고 한다.

제나라 한 귀족이 공자의 제자 자로에게 공자가 어떤 인물이냐고 물었다. 이에 자로는 기분이 나빠서 대꾸하지 않았다.

그 이야기를 전해 들은 공자는 이렇게 말했다.

"왜 이렇게 말하지 않았느냐. 스승은 한 번 몰입하면 세상 모든 근심도, 먹는 것도 잊어버리고 몰입하는 사람이라고 말이다."

몰입도 훈련이다. 개인적으로나 사회적으로 일에 몰입하는 훈련을 쌓아야 한다. 처음에는 퍼즐과 같이 5분, 10분, 15분 정도 짧은 시간 동안 몰입할 수 있는 것을 찾아서 하다가 어느 정도 훈련이 되면 점차 시간을 늘려 간다. 퀴즈문제 풀기, 재미있는 추리소설 등으로 훈련하는 것도 방법이다.

이렇게 한 달쯤 훈련하고 나면 2~3시간 정도 몰입은 쉽게 할 수 있다. 나중에는 며칠이라도 몰입에 빠질 수 있다. 그러고 난 후의 희열은 말로 표현할 수가 없다.

당신이 몰입하는 일은 어떤 것인가? 희열을 느낄 정도로 몰입해본 적이 있는가?

자, 이제 내가 설정한 목표를 위해 하루 30분씩 몰입 훈련을 해보는 거다.

04

고민거리

걱정은 병이 아니라, 잘못된 '마음의 습관'이다

《Self Talking》의 저자 섀드 헴스테터는 마음속 대화의 80% 이상이 자신의 결점을 화제로 삼고 있다고 말한다. 사람들은 자신에게 말할 때, 부정적인 의견을 제시하는 경우가 많다. 이런 부정적인 혼잣말을 하게 되면 스트레스는 물론 자신감까지 결여된다.

긍정적인 혼잣말을 생각해내는 것이 어렵다면, 시간을 내어 이용가치가 있는 혼잣말 목록을 작성해보자. 이 목록은 자신을 향해 일상적으로 내뱉는 부정적인 말을 차단하고 긍정적인 말로 대체하는 데 도움이 된다.

막연한 근심, 걱정, 불안, 의심, 두려움은 없는 병도 키운다. 이런 병적인 현상을 기우杞憂라고 한다. 옛날 중국 기杞나라에 우憂라는 사람은 걱정이 많은 사람이었다. 하늘이 무너지지 않을까, 땅이 꺼지지 않을까 걱정하다가 병이 들어 자리에 누웠다는 이야기에서 비롯된 단어다.

비슷한 내용의 동물 버전도 있다. 토끼 한 마리가 숲에서 쉬고 있을 때 바나나 하나가 땅에 떨어졌다. 토끼는 문득 걱정이 되었다.

'숲이 무너지면 어쩌나, 땅이 꺼지면 어떻게 하나.'

토끼는 무작정 어디론가 달렸다. 여우를 만났다. 토끼는 자신의 걱정을 말해줬다. 그러자 여우와 토끼는 함께 달리기 시작했다. 그러다가 사슴을 만났다. 토끼, 여우, 사슴 셋은 힘껏 달리기 시작했다. 나중에는 호랑이, 코끼리까지 달리기 시작했다. 이때 사자를 만났다. 사자는 토끼를 데리고 토끼가 있던 장소로 갔다. 결국 토끼를 놀라게 한 원인이 바나나였다는 사실이 밝혀지면서 동물들의 불안이 해소되었다.

시간이 지나서 해결될 일은 걱정하지 마라

걱정이나 고민은 어둠 속에 있으면 점점 더 몸집을 불린다. 고민거리는 밖으로, 밝은 곳으로 가져가면 사라지고 만다.

어느 사업가의 이야기를 보자. 그는 사업에 대한 고민으로 잠을 제대로 이룰 수 없었다. 잘되는 날도 못되는 날도 늘 고민이었다. 이에 그는 일주일 중 하루를 '고민의 날'로 정하고, 고민의 내용을 상세히 적어서 서랍에 보관했다.

어느 정도 시간이 지난 후, 그 고민함을 열어본 그는 웃음을 터트리고 말았다. 당시에는 심각한 고민이라고 생각했던 것들이 시간이 지난 다음에 보니 웃음이 나오는 보잘것없는 것들이었다. 이때 이 사업가는 비가 올 때 필요한 것은 걱정이 아니라 우산이라는 깨우침을 얻었다. 시간이 지나면 해결될 쓸데없는 걱정은 하지 말라는 것이었다. 일주일 혹은 한 달 내내 고민만 하는 사람이 있다. 아니 일 년 내내 고민하는 사람도 있다. 이런 부류는 걱정하느라 아무 일도 하지 못한다.

영국의 한 의과대학에서 연구한 결과를 보면 어린아이는 하루에 400~500회 웃는다고 한다. 그러다 장년이 되면 15~20회로 감소한다. 나이가 들면서 기쁨이 사라지고 웃음이 사라지는 이유는 미래에 대한 불안과 염려 때문이다.

《걱정이 나를 힘들게 한다》를 쓴 정신과 의사 조지 월턴은 걱정은 병이 아니라 '잘못된 마음의 습관'이라고 말한다. 사람들이 쓸데없는 걱정만 없애도 행복지수는 훨씬 더 높아질 것이라고 강조한다.

다음은 매사추세츠 종합병원에서 실시한, 사람이 가지는 걱정에 대한 연구 결과다.

- *걱정의 40%는 절대로 현실에서 나타나지 않는다.*
- *30%는 이미 일어난 일에 대한 걱정이다.*
- *22%는 사소한 걱정들이다.*
- *4%는 우리 힘으로 어쩔 도리가 없는 걱정이다.*
- *4%만이 우리 힘으로 바꿔 놓을 수 있는 걱정이다.*

결국 우리가 걱정할 만한 가치가 있는 일은 4%에 불과하다. 이 걱정이 증폭되어 공포의 수준으로 발전하게 되면, 되는 일이 없고 마침내 드러눕게 된다. 될 일도 걱정으로 인해 되지 않는다. 사람들이 고민하는 것을 보면 고민하지 않아도 될 일, 시간이 지나면 저절로 해결될 일, 심지어는 일어나지도 않은 일을 가지고 고민한다.

인생은 글자를 알면서 우환이 시작되니
성명이나 대강 적을 수 있으면 그만둠이 좋도다.
어찌하여 초서를 써 빠른 것을 자랑하여
펴 보고 놀라 근심하게 만드는가.
나도 일찍이 좋아는 했으나 매번 스스로 웃는다네.
그대도 이 병이 있으니 어찌 고치겠는가.

중국 삼국시대 소식의 시詩다. 이 시의 첫 구인 "인생은 글자를 알면서 우환이 시작된다."라는 말에서 '식자우환識字憂患'이 유래했다.

아는 것이 병이라는 말이다. 정보를 많이 가진 사람일수록 의사결정이 느리고 머뭇거리는 경향이 있다. 그래서 망설이는 지식인보다는 조금 모자라는 정보를 가지고 행동으로 옮기는 사람이 성공하는 경우가 많다.

고민과 번뇌를 내려놓는 지혜

고민과 번뇌도 시간을 좀먹는 벌레다. 붓다는 108 번뇌의 짐을 지고 살아가는 인간의 삶을 고통으로 보고 있다. 깊은 수행으로 불성을 깨우친다면 이런 고통으로부터 벗어날 수 있을 것이나, 속세를 살아가는 보통 사람으로서는 어려운 일이다.

이제 고민의 정체와 정면 승부를 해보자. 불교 관련 서적 중에《육조단경》이라는 책이 있다. 'ㄱ'자도 모르던 무식쟁이 오랑캐 출신 행자가 조사祖師가 되어 금강경을 바탕으로 깨달음을 얻은 내용을 기록한 책이다. 이것이 조사선으로 불리는 선종의 중요한 서적으로 선禪을 공부하려는 사람은 꼭 읽어야 할 책이다. 마오쩌둥도 평소《육조단경》을 가까이 두면서 읽고 또 읽었다고 전해진다.

여기서는 마음을 비우고 행복으로 채우는 세 단계의 비결을 소개하고 있다.

① 간파看破의 단계다.

나를 괴롭히는 번뇌의 정체는 무엇인가? 내 마음속 깊이 자리하고 있는 탐욕, 분노, 어리석음이 그 원인이다. 이것을 제대로 파악하는 것이 간파의 단계다. 피하지 말고 정면으로 마주하라고 가르친다.

② 방하放下의 단계로, 내려놓기다.

번뇌의 정체를 알았으면 내려놓아야 한다. 편안한 자세로 앉아 호흡을 통해 자연의 힘에 의존하면서 입정入定의 경지에 이르는 단계다.

③ 자재自在의 단계로, 내면의 고민과 망상을 내려놓고 평상심의 경지에 이르는 단계다.

평상심이란 꾸미지 않고, 옳고 그름을 가리지 않으며, 취하거나 버리지 않으며, 지난 일과 다가올 일을 걱정하지 않는 단계다. 선과 악, 세상의 모든 법을 기억하지도 생각하지도 않고 몸과 마음이 자유로워지는 상태다.

05

단순함

복잡한 일일수록, 단순하게 더 단순하게

알렉산더 대왕이 소아시아 지역인 페르시아 원정에 나섰을 때였다. 지금의 터키 땅 고르디우스고르디온 지역을 통과할 때 그곳 사람들로부터 고르디우스 신전에는 도저히 풀 수 없는 매듭이 있으며, 이를 푸는 사람이 세상을 지배할 것이라는 예언을 들었다. 대왕은 당장 그곳으로 달려가 칼을 뽑아 단칼에 매듭을 잘라 버렸다.

복잡한 일일수록 단순화시켜야 한다. 곁가지를 모두 치고 나면 큰 줄기만 보이고, 문제의 핵심이 보인다. 복잡한 문제도 단순화시키고 나면 의외로 쉽게 해결되는 경우가 많다. 이는 편법과는 다르다. 복잡한 일일수록 단순화시키라는 의미다.

단순함의 원칙

세계적인 그래픽 디자이너이자 비주얼 아티스트인 MIT 대학의 존 마에다 교수는 《단순함의 법칙》에서 디지털 시대의 성공 키워드로 단순함을 들었다. 그는 복잡한 상품의 기능을 소비자에게 가장 잘 전달하는 방법이 단순화라고 역설한다. 또 그것이 가장 아름답다. 그는 자신의 디자인 철학을 단 한 줄로 적고 있다.

"Less is more!"

조금 모자란 듯이 비워둔 여백, 그것이 훨씬 더 많은 상상력을 줄 수 있다는 것이다. 존 마에다 교수가 주창하는 단순함은 극단적인 단순함이 아니라, 기본에 충실하면서도 군더더기를 없애는 것을 의미한다.

'단순함의 원칙The principle of simplicity'은 역사가 길다. 영국 프란치스코 수도회의 수사이자 철학자 오컴의 윌리엄이 제창한 이론이다. 당시 중세의 기독교는 무수한 가지를 치고 있어 본질을 알기 어려웠다. 여기서 오컴은 어떤 사실이나 현상에 대한 설명이 여러 개 있다면, 그 가운데 논리적으로 가장 단순한 것이 진리라고 말한다. 불필요한 가설들을 모두 잘라 버리라는 것이다.

그냥 지구가 돈다고 하면 간단한 것을 천동설을 주장하려니 주전원周轉圓, Epicycle을 비롯하여 무수한 가설이 필요하더라는 것이다. 이것이 종교혁명과 17~18세기 과학혁명의 불씨가 되었다.

"아마추어는 쉬운 일을 복잡하게 만들고, 프로는 복잡한 일을 단순하게 만든다."

죽어 가던 일본 닛산 자동차를 살려낸 카를로스 곤 회장의 말이다. 노자의 도덕경에는 다음의 구절이 나온다.

"학문은 하루하루 쌓아 가는 것이고, 도는 하루하루 비워 내는 것이다."

진정 소중한 것을 얻으려면 불필요한 것들을 모두 버리라는 의미다. 군더더기를 버리고 나면 알맹이만 남는다. 이것이 단순화다. 단순함을 실천하다 보면 비우는 즐거움이, 채우는 기쁨보다 훨씬 더 크다는 것을 알게 된다.

아인슈타인도 비슷한 이야기를 하고 있다.

"어지러운 것들 속에서 단순성을 찾아라."

사진작가들의 이야기를 들어보면 사진은 '뺄셈'이라고 단언한다. 화면에 이런저런 잡동사니를 다 집어넣으면 사진이 안 된다. 사진은 덜어 내고 과감히 잘라 내야 한다. 그래야 좋은 작품이 나온다.

스티브 잡스가 추구한 것도 단순함이었다. 동양의 선불교에 심취했던 그는 단순함의 이치를 깨달았다. 가구 하나 없는 방, 희미한 조명 아래서 명상에 잠겨 있는 그의 모습을 기억할 것이다. 단순함은 그의 만트라이자 그를 이해하는 열쇠다. 그의 옷차림새만 봐도 그러하다. 그는 늘 검정 터틀넥 셔츠, 리바이스 청바지, 뉴밸런스 운동화 차림이었다. 단추와 벨트도 필요 없는 단순함의 극치였다.

단순함의 아름다움을 처음 깨달은 사람은 레오나르도 다빈치였다. 그는 이렇게 말하고 있다.

"세련미의 극치는 단순함이다."

스티브 잡스와 17년간 함께 광고와 마케팅을 맡아 온 켄 시걸 크리에이트 디렉트는《미친듯이 심플》에서 이렇게 말한다.

"잡스가 거둔 최대의 업적은 맥, 아이팟, 아이폰, 아이패드가 아니다. 그는 일찍이 누구도 생각지 못한 무언가를 성취했는데, 그건 바로 단순함Simplicity이다."

미니멀리즘과 라이프핵

배낭여행을 하는 사람들의 배낭 속에는 그야말로 꼭 필요한 물건만 들어 있다. 그것만으로도 충분히 살아갈 수 있기 때문이다. 이사를 해본 사람들은 알 것이다. 집안에 쓸모없는 물건들이 왜 그렇게 많았는지를 말이다.

요즘 유럽이나 미국, 일본에서는 미니멀리즘Minimalism이 대세를 이룬다. 불필요한 물건은 모두 버리고 심플하게 살아가는 라이프스타일이다. 법정 스님의 무소유와도 같은 개념이다.

일본에서는 이를 '단사리斷捨離'라 부른다. 불필요한 물건은 사지 않고, 사용하지 않는 물건은 버리고, 물건에 대한 집착도 버리자는 운동이다. 2011년 동일본 대지진이 발생했을 때 집안에 가득한 물건들이 오히려 큰 위험이 되더라는 것이다. 여기서 비롯된 운동이다.

처음 미니멀리스트들은
'하나를 사면 하나를 버린다'는
'One In One Out' 운동을 시작했지만,
더욱 발전해서 '하나를 사면 셋을 버린다'는
운동으로 확장되었다.
지금 갖고 있는 물건
세 개를 포기할 수 있을 만큼
마음에 드는 물건만을 사자는 것이다.

유럽이나 미국, 일본에서는 3無 운동이 대세다. 신용카드, 스마트폰, TV 없애기 운동이다. 이 세 가지만 없어도 삶이 훨씬 더 단순하고 행복해진다. 가지는 것에서 비우는 것으로, 물질에만 의존했던 21세기 사람들에게 복음이 될 수 있을 것으로 보인다.

라이프핵Lifehack은 Life와 Hacking의 합성어로 어려운 문제를 쉽게 해결하는 기술 정도로 정의할 수 있다. 원시인들이나 아메리칸 인디언들이 별다른 도구 없이 문제를 쉽게 해결하는 것과 같은 맥락이다.

인류학자 레비스트로스가 말하는 일종의 생존 기술인 '브리콜라주Bricolage'와 같은 개념이다. 신화神話와 의식儀式으로 대표되는 부족사

회의 지적 활동을 말한다. 탐험가나 서바이벌 전문가들이 간단한 도구만으로 당면한 문제를 해결하는 야생적 사고로 보면 맞을 것이다. 상식을 깨는 기발한 발상 정도의 의미로 사용되기도 한다.

우리는 콜럼버스의 달걀 이야기를 알고 있다. 콜럼버스가 신대륙을 발견하자, 비아냥거리는 사람들이 나타났다. 그냥 배를 몰고 서쪽으로만 가면 신대륙인데, 그걸 못할 사람이 어디 있겠느냐는 것이었다.

이에 콜럼버스가 물었다.

"그렇다면 당신은 달걀을 뾰족한 곳이 밑으로 가게 탁자 위에다 세울 수 있겠소?"

"뭐라고, 탁자 위에다 달걀을 세우라고?"

그러나 아무도 달걀을 세우지 못했다. 그러자 콜럼버스는 정색을 하고 일어섰다. 그리고는 달걀의 뾰족한 부분을 탁자 위에 툭 쳐서 약간 깨뜨린 다음 똑바로 세웠다.

"그렇게 세우는 거야 누가 못해!"

"바로 그거요. 새로운 땅을 발견하는 탐험도 이와 마찬가지가 아니겠소? 누군가 한 다음에는 누구라도 쉽게 하는 법이오. 그러기에 남이 하지 못한 일을 처음 하는 것이 어려운 것이오."

라이프핵은 일상생활에서 문제를 쉽게 해결하는 방식을 가리키는 신조어다. 이것이 주변에 있는 일상의 재료로 훌륭한 작품을 만들어 내는 예술 기법의 하나로 정착되었다. '초간단 문제해결 기법' 정도의 의미로 사용할 수도 있을 것이다.

'인생 지침 보고서'는 인터넷 사이트 라이프핵www.lifehack.org에 실린 내용이다. 저자는 《슬로 리더십》 등의 책을 쓴 애드리언 새비지다. 그는 초간단 삶을 추구하는 현대인들에게 '7가지 인생 지침'을 내놓았다. 이것이 인터넷상에서 화제가 되고 있다.

① 성급하게 결론으로 점프하지 마라.

지금 벌어진 일이 어떤 결말에 도달할지 성급하게 결론지으려는 것이 사람의 습성이다. 그러나 우리의 '예측'은 대부분 틀리기 마련이다. 성급한 예측이 일과 사람의 관계를 망친다.

② 상황을 극적으로 꾸미지 마라.

엄청난 위험이 오고 있다는 상상, 대단한 행운이 일어날 것이라는 상상을 버려야 한다. 우리는 영화 속에 살고 있지 않다.

③ 습관적으로 규칙을 만들지 마라.

'반드시 이래야 한다.' 이런 규칙을 습관적으로 만들어 주장할수록, 당신은 죄의식에 사로잡히고 주위 사람은 피곤하다. 정해진 일반적 규칙을 따르는 것으로 충분하다. 규칙 제정자의 습관을 버리는 것이 이롭다.

④ 완벽한 그 무엇을 추구하지 마라.

인생은 '전부/전무', 혹은 '흑/백'의 게임이 아니다. 완벽한 직업을 찾다 보면 실업 상태가 길어지고, 완전한 인간관계만 찾아다니면 외로워진다. 완벽주의는 당신의 기쁨을 망치고 이룰 수 없는 것에 대한 갈망만 키운다.

⑤ 한 번의 실패를 완전한 패배라고 생각하지 마라.

한 번의 실수가 완전한 실패를 뜻하지 않는다. 한두 번 작은 승리를 이뤘다고 승자가 되는 것은 아니다. 나쁜 일이건, 좋은 일이건 작은 일에 불과하다는 생각을 가져야 한다.

⑥ 지금 내 감정이 진짜라고 믿지 마라.

많은 경우 사람의 감정은 가짜다. 우리의 감정이 실제 상황을 반영하지 않는 경우가 많다는 뜻이다. 감정 상태가 좋지 않다고 해서, 실제 상황도 나쁘다고 등치해서는 안 된다. 배고프거나 피곤하거나 짜증이 나면 부정확한 감정을 갖게 된다. 내 감정을 진실한 것으로 믿으면, 오판하게 될 위험이 크다.

⑦ 과거에 집착하지 마라.

너무 흔한 말이지만 가장 중요한 지침이다. 대부분의 분노와 좌절과 절망은 현재의 문제에서 발생하지 않는다. 과거의 상처와 문제에 집착하면 인생이 괴로워진다. 과거의 아픔과 싸우려 들지 말고 내버려두자. 그리고 앞을 향해 나아가야 한다.

06

즐거움

코끝의 땀방울을 바라보는 즐거움

사람들은 햄버거 가게 앞만 지나도 발걸음이 빨라진다고 한다. 토론토 대학의 샌포드 드보 교수의 실험에 따르면, 맥도널드나 버거킹 같은 패스트푸드 로고에 잠시 노출되어도 사람들의 글 읽는 속도가 20% 정도 빨라진다. 패스트푸드에 대한 어떤 잠재의식이 사람을 이처럼 조급하게 만드는 것이다.

도박의 도시 라스베이거스로 이어지는 하이웨이에서는 대개 과속을 하게 된다. 혹시 수백만 달러짜리 잭팟의 행운이 기다리고 있지 않을까, 이런 기대감이 승용차의 가속 페달을 자신도 모르게 밟게 만드는 것이다. 밤늦은 시간 라스베이거스 상공의 희뿌연 불빛이 보이기 시작하면 가슴이 쿵쿵대어, 몇 분이라도 일찍 도착하고 싶은 조급한 마음에 과속하게 된다.

하지만 이런 복권이나 도박이 주는 설렘이나 즐거움은 오래 가지 못한다. 확률적으로 너무 낮기 때문이다. 무엇보다 이런 당연한 실패를 자주 경험할수록 포기도 쉬워진다. 평생 동안 복권이나 도박이 주는 즐거움으로 살다 보면, 인생은 필패다.

나침반의 N극 같은 끌림을 찾아라

나침반의 붉은 침은
항상 북쪽의 N극을 향한다.
그곳이 어디건 어떤 상황이건
나침반의 붉은 침이
항상 N극을 향해 끌리듯,
우리에게도 우리를 잡아끄는
N극이 있어야 한다.

그래야 잠시 길을 잃어버렸다 해도 우리는 다시 가야 할 길을 쉽게 찾을 수 있다. 인생을 여행할 때 끌리는 곳이 있으면 절대 길을 잃지 않는다. 인생에서 가장 성공한 사람은 바로 이런 끌림, 자신이 하는 일을 즐기는 사람이다. 하는 일이 힘들고 어렵고 고단해도, 실패와 스트레스마저 즐기는 이가 최고로 행복한 사람이다.

자기 분야에서 성공하는 첫 걸음은 자신의 일을 사랑하는 것이다. 다산 정약용 선생은 '과골삼천踝骨三穿'이라는 유래를 남겼다. 20년 유배생활 중 복사뼈에 세 번 구멍이 나도록 공부했다. 비록 유배생활 중이었지만 책 읽고, 글 쓰고, 후학들을 가르치는 것이 즐거웠던 것이다.

《논어》〈옹야편〉에 나오는 공자의 말씀을 보자.

"아는 자는 좋아하는 자만 못하며, 좋아하는 자는 즐기는 자보다 못하다."

강철왕 카네기도 비슷한 이야기를 하고 있다.

"자신이 하는 일에 즐거움을 느끼지 못하는 사람은 거의 성공하지 못한다."

유대인의 지혜서인 《탈무드》에 이런 이야기가 나온다. 한 여행자가 길을 가다가 땀흘리며 일하는 세 명의 석공을 만났다. 이들은 성전 건축에 쓰일 돌을 다듬고 있는 중이었다.

첫 번째 석공에게 물었다.

"무슨 일을 하시나요?"

"보면 모릅니까? 돌을 다듬고 있지요. 먹고살려면 하는 수 없지요."

두 번째 석공에게 물었다.

"돈을 벌기 위해서지요. 하는 일에 비해 급여가 너무 적습니다."

세 번째 석공에게 물었다.

"우리는 지금 성전을 짓고 있습니다. 얼마나 보람 있는 일입니까?"

마지못해 하는 일과 보람된 일을 하는 사람의 차이는 굳이 설명이 필요 없을 것이다. 이처럼 재미있는 일, 즐거운 일은 시간 가는 줄 모르고 몰입하게 된다.

한 청소부가 콧노래를 부르면서 거리를 청소하고 있었다. 지나던 사람이 물었다.

"뭐가 그리 즐거우신지요?"

"나의 손자가 신나게 뛰어놀 지구촌을 청소하는 중입니다. 그러니 즐거울 수밖에요."

백화점과 낚시터

아내를 따라 백화점에 가본 남편들은 잘 알 것이다. 아내는 시간 가는 줄 모르고 온갖 물건을 살피며 만져도 보고, 입어도 보고 하면서 신바람이 나지만 기다리는 남편은 죽을 맛이다. 모든 백화점에서는 시계를 걸어 두지 않는다. 시간 가는 줄 모르고 쇼핑하라는 의미다. 반대로 낚시를 따라간 아내의 경우도 죽을 맛이다.

"대체 저 재미없는 낚시에 왜 그리 미칠까?"

낚시하러 다니는 비용의 반의반만으로도 그 정도 고기를 사고 남을 텐데 말이다. 아내의 시간과 남편의 시간은 전혀 다르게 흐르는 것이다.

한 방송인은 아이 엄마로서, 아내로서, 방송인으로 바쁘게 살고 있다. 기자가 그 많은 일을 하느라 힘들지 않으냐고 물었다.

그러자 그녀는 이렇게 말했다.

"저는 방송일이 좋아요. 아프다가도 방송일을 하면 나아요. 힘든 것이 아니라 오히려 힘이 생겨요."

자신이 좋아하는 일, 즐기는 일을 하면 엔도르핀이 돌면서 피곤한 게 아니라 오히려 에너지가 생긴다. 일을 즐기고 자신이 하는 일에 몰입하는 순간이 카이로스적인 시간이다.

박찬호 선수가 메이저리그에 진출하여 슬럼프에 빠져 있을 때 고참 투수로 멘토 역할을 했던 오렐 허샤이저는 박찬호에게 이렇게 말했다.

"너는 기량 면에서는 뛰어난데, 야구를 즐길 줄 모르는 것 같아."

당시 마운드에 서 있는 박찬호의 표정은 비장한 결의에 차 있는 모습이었다. 그런 긴장된 상태에서는 좋은 공을 던질 수가 없다.

한 청년이 땀흘리며 세고비아의 음악을 기타로 연주하고 있었다. 그러자 지나가던 한 남자가 그에게 말했다.

"그냥 세고비아의 연주를 들으면 될 텐데, 뭘 그리 땀흘리며 연주를 하세요?"

단순히 세고비아의 음악을 좋아하는 사람은 세고비아의 음반을 들으면 되지만, 즐기는 사람은 땀을 흘리는 것이다.

눈앞의 즐거움만으로 사는
사람이 있는가 하면,
코끝의 땀방울을 바라보는
즐거움을 아는 사람도 있다.

좋아하는 일을 하다 보면 돈은 저절로 따른다

즐거워서 하는 일은 또 몰입으로 이어진다. 몰입은 슈퍼 의식의 각성으로 가능하다. 그리고 슈퍼 의식이 각성되면, 몰입 대상 외에는 감지가 잘 되지 않는다. 그래서 시간과 공간이 잘 인식되지 않는다. 우주에 오직 그 '문제'와 '나'만 존재하는 것이다. 이처럼 황홀한 상태에 빠지면 시간 가는 줄도 모르고, 그 문제에만 집중할 수 있는 것이다.

미국에서 1960~1980년 사이 MBA 출신 1,500명을 2그룹으로 나눠 졸업 후 20년 만에 추적한 보고서가 나왔다. A그룹은 돈을 많이 번 다음에 하고 싶은 일을 하려던 부류였고, B그룹은 좋아하는 일을 하다 보면 돈은 저절로 따를 것이라는 부류였다.

A부류가 1,245명, B부류가 255명이었다. 20년 후 101명의 백만장자가 나왔다. 그중 100명이 B그룹이었고 A그룹에서는 단 1명이 나왔을 뿐이었다. 결국 좋아하는 일을 하다 보면 돈은 저절로 따른다는 것이 정답이었다.

어느 날 에디슨의 친구가 아들을 데리고 찾아왔다. 막 학교를 졸업하고 사회에 진출하려는 청년이었다.

"이 아이가 내 자식인데 막 사회에 나가려고 하네. 앞으로 일생의 교훈이 될 말 한마디를 일러주길 바라네."

이 말을 들은 에디슨은 고개를 끄덕이더니, 그 청년과 악수를 하고는 이렇게 말했다.

"결코 시계를 보지 말게. 이것이 젊은이들에게 들려주고 싶은 나의 충고일세."

물리적인 시간을 의식하지 말고, 몰입의 시간을 가지라는 의미다.

07

재충전

잘 놀고 잘 쉬는 사람이 일도 잘한다

'입버릇 이론'의 창시자인 사토 도미오 박사는 목표를 달성하기 위해 지나치게 자신을 억압하거나 강박관념을 가지면, 계획을 실천하는 것이 더욱 어려워진다고 경고한다. 자신이 꿈꾸는 모습이 되기 위해서는 너무나 힘들고 고통스러운 과정을 거쳐야 한다는 인식이 자신도 모르게 뇌에 각인되기 때문에, 뇌는 그 과정을 회피하려고 한다.

그래서 사토 도미오 박사는 잘 노는 사람이 일도 잘한다고 확신한다. 일을 즐겁게 하기 위해서는 뇌에서 엔도르핀과 네오테니 성분이 분비되어야 하는데, 이것은 신나게 놀 때 활성화된다. 곧 놀이가 우리의 뇌를 깨어나게 하는 것이다.

따라서 공부나 일도 놀이처럼 한다면 시간 가는 줄 모르고 몰입하게 된다. 매사 아이들처럼 즐겁게, 단순하게 임하라는 이야기다. 그러나 실제로 그럴 수는 없기에, 일하기 전에 신나게 놀아줘야 일도 즐겁게 할 수 있다.

놀 줄 모르는 사람은 일도 못한다

주위를 보면 책상에만 붙어 있는 사람보다 친구나 동료들과 잘 어울리고 잘 노는 사람들이 공부도 잘하고, 일도 잘한다. 유명인들을 보면 학창 시절에 운동선수 출신이 많다. 잘 노는 사람에게는 스트레스 대신 엔도르핀이 분비된다. 그래서 일할 때는 몰입해서 일하고, 놀 때는 신나게 노는 것이다. 반대로 책상에만 붙어 있는 사람은 쌓인 스트레스 때문에 일도 제대로 하지 못한다.

2차 세계대전을 승리로 이끈 처칠은 여러모로 파격적인 사람이었다. 말술에다 평생 시가를 물고 살았던 애연가였다. 그럼에도 91세까지 아주 건강하게 살았다. 그의 비법 아닌 비법은 바로 '즐겁게 일하자'는 모토였다.

의사들은 스트레스에는 특효약이 없다고 말한다. 건강 보조식품, 운동, 웨이트트레이닝, 심리치료 모두 스트레스 치료에는 별다른 효과가 없다는 것이다. 재미없는 일, 도전이나 성취감을 맛볼 수 없는 일, 누구에게도 도움이 되지 않는 일을 의무적으로 해야 할 때 스트레스를 받기 쉽다. 스트레스의 특효약은 바로 '일과 놀이를 병행'하면서 즐겁게 일하는 것이다.

《중세의 가을》이라는 역사서를 쓴 네덜란드의 문화사학자 요한 하위징아는 '호모 루덴스Homo ludens'라는 개념을 제창한 인물이다. 호모 사피엔스가 '생각하는 사람'이라면 호모 루덴스는 '노는 사람'이라는 의미다. 1938년에 출간한 《호모 루덴스》에서 그는 놀이를 문화의 한 요소가 아니라, 문화 그 자체로 보고 있다. 18세기 이성을 지고의 가치로 생각하던 시기 이후 놀이는 하위문화로 취급됐으나, 그는 반대로 보고 있다. 오히려 문화가 놀이에서 비롯되었다는 입장이다. 이제는 놀이와 일이 배치되기는커녕 서로가 상승작용을 한다는 이론이 우세하다.

일이 곧 놀이가 아니라면 일을 즐겨야 한다. 당신은 직장에서 일을 즐기고 있는가, 아니면 일에 쫓기며 마지못해 하고 있는가?

좋은 여행은 나를 발견하는 여행이다

미국 대통령 집무실에는 '레졸루트Resolute 책상'이 있다. 이 책상의 유래는 이렇다. 1852년 영국 빅토리아 여왕은 북극 항로를 개척하러

나섰다가 실종된 탐험가 존 프랭클린을 구출하기 위해 레졸루트라는 군함을 파견한다.

이 군함은 빙하에 갇혔고 군인들은 가까스로 탈출한다. 3년 후, 미국은 이 배를 끌어다 수리한 뒤 여왕에게 선물로 보내게 된다. 20년 후, 빅토리아 여왕은 이 배의 목재로 책상 몇 개를 만들었고, 그중 하나를 미국 19대 대통령 헤이스에게 선물로 보낸다.

미국의 역대 대통령들은 레졸루트 책상 앞에 앉기를 좋아한다. 그 앞에 앉으면 책상 이름처럼 단호해지는 모양이다.

아들 조지 부시 대통령도 이렇게 밝힌 바 있다.

"그 책상에 앉아 있노라면 대통령이라는 직책이 중요하다는 사실을 새삼 실감하게 된다."

사람은 환경의 동물이다. 평범한 책상보다 역사적 이야기가 있는 책상 앞에서 더 진지해질 수 있는 것이 사람의 마음이다. 그러므로 어떤 목표를 성취하려면 환경에 변화를 주는 것도 좋은 방법이다.

인간의 창의력은 이질적인 요소들의 충돌에서 나온다. 문화적인 이질성, 기질적인 이질성, 성격적인 이질성 등 이런 것들이 부대끼면서 창의력이 발현된다. 지나치게 동질적인 집단에서는 창의력이 꿈틀거리지 못한다.

미국이 가장 대표적인 사례일 것이다. 이민의 나라 미국, 온갖 전통과 문화를 가진 민족들이 섞이면서 지난 200년 동안 창의력이 불꽃처럼 일어났다.

일반인들이 이질적인 요소와 교류할 수 있는 기회는 여행이다. 낯선 땅, 낯선 문화, 낯선 음식 등 이런 것들이 나의 내면과 충돌을 이룬다. 여행을 통해 나와는 다른 생각과 삶을 살아가는 사람들을 접하면서, 새로운 에너지가 충전되는 것이다.

한 번의 여행으로 삶이 바뀌는 경우도 있다. 바로 괴테와 스티브 잡스의 사례일 것이다.

괴테의 '이탈리아 여행' & 스티브 잡스의 '인도 여행'

독일의 문호 괴테는 1786년 9월부터 1788년 4월까지 1년 7개월 동안 이탈리아 전역을 여행했다. 당시 괴테는 겉으로는《젊은 베르테르의 슬픔》으로 전 유럽에 명성을 떨친 문호이자, 과학 분야에 탁월한 연구 성과를 낸 학자이자, 10년간 바이마르 공화국의 존경받는 정치가였다.

하지만 그의 내면은 고달프고 정신적 에너지는 고갈되고 있었다. 특히 10년 동안 정치권에 몸담으면서, 창의력이 고갈되어 가는 것을 괴테 스스로 느끼고 있었다.

국제정세 또한 어지럽게 돌아가고 있었다. 산업 혁명과 프랑스 혁명, 나폴레옹의 등장 등으로 어수선했다. 이 큰 변화들이 무엇을 의미하는지 괴테는 갈피를 잡을 수 없었다. 그래서 훌쩍 이탈리아로 떠날 준비를 했다. 숨막히는 현실로부터 벗어나고 싶었던 것이다.

괴테가 이탈리아 여행을 떠난 1786년 9월 3일은 마침 그의 37세 생일날이었다. 축하객들 사이를 살며시 빠져 나온 괴테는 여행가방과 오소리 가죽 배낭만 간단히 꾸린 채 훌쩍 이탈리아로 떠났다.

그토록 보고 싶었던 로마에 입성한 날 괴테는 이렇게 적고 있다.

오늘은 나의 제2의 탄생일이자,
진정한 삶이 다시 시작된 날이다.

로마에 체류하는 동안 괴테는 유명한 유적지를 빠짐없이 찾아다녔고 건축물, 조각 작품, 그림을 감상하면서 대부분의 시간을 보냈다. 나폴리와 시실리 섬의 아름다운 바다와 눈부신 색채에 매료되었다. 여기서 영감을 받아 쓴 책이 괴테의 《색채론》이다.

괴테의 이탈리아 여행은 괴테 자신의 인간적 성숙뿐만 아니라 독일 문학의 발전 과정에서도 하나의 중요한 전환점을 이뤘다. 《젊은 베르테르의 슬픔》을 쓴 20대 시절이 질풍노도의 시대였다면, 이탈리아 여행 이후의 시기를 문학사에서는 '독일 고전주의' 시대라고 부른다.

괴테는 여기서 텅 빈 머리를 새로운 지식과 아이디어로 가득 채웠다. 괴테의 이탈리아 여행은 시인의 천재성을 일깨우고 삶을 변화시킨 일대 전화기적 기록으로 평가받는다.

괴테는 이렇게 말한다.

“제 여행의 중요한 의도는 육체적, 도덕적으로 피폐화된 저를 치유하는 것이었습니다. 다음은 참된 예술에 대한 뜨거운 갈증을 진정시키는 것이었습니다. 전자는 상당히, 후자는 완전히 성공을 거뒀습니다.”

스티브 잡스 역시 인도 여행을 통해 삶이 180도 바뀐 사례다. 잡스는 사생아로 태어나 어려서부터 양부모 밑에서 양육되었다. 리드 칼리지 철학과에 입학했으나 돈이 없었던 그는 친구의 기숙사 방바닥에서 자고, 콜라병을 팔아서 빵을 해결했다. 그리고 일주일에 한 번씩은 11km의 거리를 걸어서 크리슈나 템플로 가서 식사를 얻어먹었다. 여기서 힌두 문화를 처음 접하고 힌두교와 인도를 동경하게 된 것도 그 시기였다.

1974년 잡스는 마침내 인도 여행을 떠났다. 당시 그가 다니던 게임회사 아타리의 사장 놀란 부쉬넬이 후원한 것이다. 잡스가 무한한 영감을 얻기 위해 인도를 여행하고 싶다고 우기자, 괴짜를 좋아했던 놀란 부쉬넬이 여행 경비를 주면서 인도 여행을 허락한 것이다. 놀란 부쉬넬도 대단한 사람인 것 같다.

잡스는 북인도와 히말라야를 주로 여행했다. 인도인처럼 퉁가를 입고 맨발로 돌아다녔다. 비틀즈를 좋아했던 잡스는 비틀즈가 머물렀다는 님 카롤리 바바가 있는 아쉬람도 방문했으나, 스승은 1년 전에 이미 세상을 떠난 상태였다. 여기서 잡스는 철학적인 문제, 삶의 근본적인 문제에 대해 사색하면서 정신적으로 훌쩍 성장했다.

그후 미국으로 돌아온 잡스는 일본인 선승 오토가와 코우분을 만난다. 그를 스승으로 삼아 그때부터 명상 수행을 했다.

잡스의 스승은 늘 강조했다.

“자신을 발견하는 것이 곧 지혜를 발견하는 것이다.”

코우분으로부터 잡스는 ‘단순함’과 ‘집중’의 이치를 깨닫게 되었다. 이것이 훗날 잡스가 창조해낸 많은 상품들의 핵심이 되었다. 7개월 동안의 인도 여행이 잡스에게 새로운 세계를 열어준 것이다. 이렇듯 여행은 진정한 자아를 찾아가는 것이다.

여담이지만 스티브 잡스가 우리나라 기업에 지원했더라면 과연 입사할 수 있었을까?

불가능이다. 우선 학력이 모자란다. 리드 칼리지 1학년을 중퇴했기 때문이다. 또 자유분방한 히피 스타일의 그에게 일자리를 주지 않았을 것이다. 천재를 알아봤던 놀란 부쉬넬은 그래서 더 대단하다.

휘게와 슬로시티

덴마크는 북유럽 국가들 중에서는 행복지수가 가장 높지만, 세계적으로는 무소유의 나라 부탄의 행복지수가 가장 높다. 부탄에는 없는 것들이 많다. 교통신호도 없고 고속도로도 없다. 정신병원도 없다

(최근에 하나 생겼다는 이야기도 있다). 살생이 없고, 욕심이 없는 나라가 부탄이다. 대중교통 환경이 열악하다 보니 승용차는 꾸준히 늘어난다. 그러나 교통사고는 오히려 줄고 있는 이상한 나라다.

히말라야 산에서 내려오는 물로 전기를 일으켜 자급하고 있으며 이웃나라에 수출하기도 한다. 가난하지만 국민들은 모두가 행복하다. 물질을 행복의 기준으로 보는 밖의 세상과는 다른 삶이다.

《타임 푸어》의 저자 브리짓 슐트는 타임 푸어에서 벗어나기 위한 대안 중 하나로 '휘게Hygge' 문화를 추천한다. 휘게란 사랑하는 가족이나 친구 또는 혼자서 보내는 소박하고 아늑한 시간을 뜻하는 덴마크어다.

덴마크는 1973년 유럽에서 처음으로 국민들의 행복지수를 조사한 이래 늘 선두권을 유지하고 있는 나라다. 휘게는 가족이나 친구들이 모여 양초를 켜놓고 따뜻한 분위기에서 식사하거나 맥주를 마시면서 여유 있는 시간을 보내는 등 덴마크 사람들이 지향하는 여유롭고 소박한 삶의 방식을 뜻한다.

1960~1970년대 우리나라의 사랑방 모습을 떠올리면 엇비슷하지 않을까 싶다. 호롱불 켜놓고 새끼 꼬면서 도란도란 이야기 나누던 그 모습 말이다.

자유와 자율성, 욕심을 버리는 현실적인 기대, 공동체 의식, 가정과 일의 균형, 돈에 초연한 태도, 겸손, 소박함 등이 휘게 문화의 알맹이들이다. 차 한 잔을 마시더라도 그 순간을 즐기고, 멋진 저택을 지나치면서 질투심이 나면 지금 내 집을 얼마나 사랑하는지를 다시 떠올리라는 것이다.

숄트는 휘게를 이렇게 설명했다.

휘게는
기대를 낮추자는 게 아니라,
현실적인 기대를 가지자는 뜻이다.

열심히 일한 사람들에게는 질 좋은 휴식이 필요하다. 우리말로 '참살이 지역'을 뜻하는 '슬로시티'도 그중 하나일 것이다. 이탈리아 오르비에또에서 시작된 슬로시티 운동은 지금 유럽을 휩쓸고 있다. 이 운동은 전통과 자연을 보전하면서 유유자적하고 풍요로운 마을을 만들어, 지속 가능한 발전을 추구해 나가는 것을 목표로 한다. 이 역시 비움의 운동이다.

조건이 꽤나 까다롭다. 인구가 5만 명 이하여야 하고, 도시와 환경을 고려한 정책이 실시되고 있어야 하며, 전통문화와 음식을 보존하려는 노력이 있어야 하고, 세계적인 브랜드의 체인점이 있어서도 안 된다. 스타벅스나 맥도날드 같은 브랜드 체인점 말이다.

그래서 2018년 밀라노 시내에 스타벅스 1호점이 오픈하기 전까지, 이탈리아에는 스타벅스 커피점이 없었다. 스타벅스의 창립자 하워드 슐츠가 정작 영감을 얻은 곳이 이탈리아임에도 말이다.

영화 서편제의 촬영지였던 완도군 청산도는 옛 음식과 삶의 방식이 고스란히 남아 있다고 평가받아, 2007년 12월에 아시아 최초의 슬로시티로 지정됐다. 지금은 담양 대나무 숲 등 여러 곳이 있다. 이런 곳에서 가족과 함께 휴가를 보내는 것도 좋을 듯하다.

방랑시인 김삿갓이 태어난 강원도 영월의 김삿갓 마을은 주민의 89%가 아직 농사를 짓는 곳이다. 남양주 조안면 정약용 생가마을, 조안은 새들이 편안히 깃든다는 의미다. 팔당, 양평, 대성리로 이어지는 강물은 새들뿐 아니라 사람도 편안하게 만든다. 토지의 무대가 된 하동군 악양면 평사리, 장흥 등이 슬로시티로 지정되었다.

ATTITUDE

08

시간 도구

나만의 특별한 시간 도구를 활용하라

아무리 기억력이 좋은 사람이라도 메모는 꼭 필요하다. 메모는 단순히 기억의 보조장치가 아니다. 메모를 하다 보면 새로운 아이디어로 이어지는 경우가 많다. 그냥 백지 위에 그날의 할 일을 낙서처럼 메모해보라. 신기하게도 막막해 보이던 문제의 해답이 불현듯이 떠오른다.

또 책상 앞에 적힌 메모는 행동을 촉발한다. 생각이 행동으로 옮겨지지 못하는 것은 새로운 일에 대한 낯섦 때문이다. 수시로 메모하는 동안 익숙해지고, 어느 순간 행동으로 옮기고 싶은 충동이 느껴진다. 그것이 메모의 또 다른 일면이다.

기록되지 않는 것은 유통기한이 짧다.

자전거여행은 자동차여행보다

정서적 유통기한이 훨씬 더 길다.

몸이라는 방부제를 쓰기 때문이다.

그래서 눈과 머리로 기억하는 건 쉽게 잊히지만, 몸으로 기록한 건 쉽게 잊히지 않는다. 사람의 기억력은 나이가 들수록 후퇴하지만, 기록은 하면 할수록 내공이 쌓인다.

메모가 아이디어가 되게 하라

메모는 '누구나 쉽게 짧은 시간 안에 삶을 변화시키는 기술'이자, '삶의 다양한 영역에 적용할 수 있는 도구'이며, '삶의 전 영역이 한데로 모이고 쌓이는 나만의 플랫폼'이다. 하지만 메모가 필요하다는 것을 알고 있지만, 메모하는 습관을 유지하는 사람은 드물다.

메모는 '생각의 반응로'이자 '창의성의 원천'이다. 위대한 업적을 남긴 리더들은 모두 메모광이었다. 메모란 단순히 오늘 할 일이나 떠오르는 생각을 기록하는 것이 아니라, 할 일의 전개 과정을 종이 위에서 도상 연습을 해보는 것과 같다.

메모지에 이런저런 할 일들을 메모하다 보면 새로운 아이디어, 방법들이 떠오른다. 서로 이질적인 생각이 충돌하다 연결될 때 '창의'가 발생하고, 이를 실현시키는 데 가장 효과적인 도구가 '메모'다. 메모를 습관화하면 일이나 학습의 성과가 달라질 뿐만 아니라 하루하루 삶의 질이 달라진다. 하루 5분이라도 매일같이 메모하는 습관을 들이면 평범한 일상이 비범한 순간들의 연속으로 바뀌는 놀라운 기적을 경험하게 된다.

메모는 정보의 소비자에서 생산자로 바꿔준다. 타인의 정보를 수신만 하는 사람은 자신의 삶에 물음표를 가질 수 없다. 질문이 없는 사람은 창의적인 지식을 발산하기 어렵다. 지금은 공유하고 나눌 때 힘을 갖는 집단 지성의 시대다.

벤저민 프랭클린은 아마도 시간을 가장 아껴 쓴 사람이 아닌가 싶다. 그는 모든 것을 계획하고, 계획대로 실천했다. 그가 계획을 기록했던 것이 프랭클린 다이어리다. 지금 우리나라에도 다양한 종류의 프랭클린 다이어리가 시중에 판매되고 있다.

여기에는 하루, 일주일, 한 달, 일 년에 일어날 수 있는 모든 일을 계획할 수 있도록 공간이 마련되어 있다. 하루 10~15분 정도만 할애하여 정리하면 시간 활용에 최고의 가이드라인이 될 수 있다. 다이어리 겸 수첩으로 사용하면 좋고 가계부로 활용할 수도 있다. 바쁜 일정을 소화해야 하는 사람들은 프랭클린 다이어리에 모든 스케줄을 집약해 관리하면 아주 편리하다.

장기 목표와 단기 목표

장기 목표

무엇을 이루고 싶은가?	데드라인
10년 후 : ______________________	
5년 후 : ______________________	
2년 후 : ______________________	
1년 후 : ______________________	
6개월 후 : ______________________	
이번 달 : ______________________	
이번 주 : ______________________	

단기 목표

이번 달 : ______________________

다음 주 : ______________________

이번 주 : ______________________

내일 : ______________________

오늘 : ______________________

1시간 후 : ______________________

어느 여대생의 프랭클린 다이어리를 보자.

할 일	데드라인	비고
방 인테리어 가구 재배치	00월 00일	
블로그 포스팅	매일	
다이어트 실천	매일	
공모전 출품	00월 00일	
낯선 곳 여행	방학기간 내	
사진 출사	방학기간 내	
한복 만들기 완성	00월 00일	
새벽 시간 영어 공부	매일	
이색 모임 참석	방학기간 내	

계획은 나열이 중요한 것이 아니라 실천이 중요하다. 계획을 담보할 수 있는 안정장치를 만들어야 한다. 날짜와 시간을 할당해놓거나, 할 일의 분량을 할당하는 방법도 있다. 사안마다 데드라인을 정하는 것도 방법이다. 반복적으로 해야 하는 일이라면 '아침 시간 15분' 하는 식으로 고정시켜놓는 것도 좋다.

할 일들을 6개월, 3개월, 1개월 아니 더 짧게 1주일, 1일 단위로 만들어도 좋다. 그리고 나와 가족의 중요한 기념일도 빠뜨리지 말아야 한다.

하루의 계획이라면 생활 속에서 실천할 수 있는 것들을 기록한다. 일주일이면 좋은 책을 한 권 골라 정독하기 좋겠다. 1개월이라면 평소에 안부를 전하지 못했던 사람들에게 이메일 쓰기도 괜찮겠다. 3개월이라면 계절과 관련되어 옷장 정리하기, 6개월이라면 지출과 수입 체크하기 등이다.

책상에 작년과 올해의 스탠드 달력 2개를 함께 보는 것도 좋은 방법이다. 작년의 스탠드 달력에 메모되어 있는 중요한 일들을 빠뜨리지 않아서 좋고, 또 새로운 일을 계획하기에도 좋다. 작년 달력과 올해의 달력을 비교해보는 것만으로도 시간관리를 시각화하는 효과가 있다.

모든 계획은 1/3 정도의 시간이 지나는 시점에서 진척도와 함께 주위 여건을 점검해야 한다. 시작도 않고 미루는 항목이 있다면 차라리 계획표에서 삭제하라. 그것이 심리적으로 성취감을 높이는 길이다. 무엇이라도 스스로 계획하고, 스스로의 노력으로 성취했다는 만족감이 중요하다. 그래서 다이어리와 달력 등 시각화할 수 있는 장치들이 필요한 것이다.

시각화의 효과가 가장 뛰어난 것이 다이어트다. 포토샵으로 자신의 모습을 날씬하게 교정한 후에 그것을 거울에 붙여 두고 시각화하면 성공 확률이 2~3배로 높아진다고 한다. 다이어리와 달력에 기록되고 실천한 항목들은 어느 순간 버릇이 되고 습관이 된다.

포스트잇 활용

포스트잇은 아주 유용한 도구로 활용할 수 있다. 하루 일과를 포스트잇에 적어 책상 앞이나 탁상용 다이어리에 붙여 두고 과제가 끝날 때마다 하나씩 떼어 내는 것이다. 하나씩 떨어져 나갈 때마다 느끼는 성취감이 여간 쏠쏠하지 않다.

색깔별로 활용하는 방법도 있다. 급한 일에는 붉은색, 별로 급하지 않은 서류에는 노란색, 시간을 두고 검토해야 할 일에는 푸른색을 붙이는 식이다.

책을 읽을 때도 포스트잇을 책갈피로 사용하면 좋다. 다시 읽고 싶은 부분이나 중요한 부분에 포스트잇을 붙여 두면, 책 한 권을 재빨리 리뷰할 수 있다. 포스트잇을 이용하여 단권화單卷化를 하는 것도 좋다. 단권화란 교과서, 참고서, 노트를 한 권으로 압축하는 방식이다. 교과서, 참고서의 주요 내용이나 그래프, 도표 등을 포스트잇에 적어 한 권의 노트에 종합적으로 정리하는 것이다.

수학 공식 등을 포스트잇에 적어 책상머리나 벽에 붙여 두고 수시로 보면 공식을 외우기 위해 머리를 싸맬 일이 없다. 아이디어가 떠오를 때마다 포스트잇에 기록하는 것도 좋은 방법이다.

어느 소설가는 소설 속의 등장인물들을 포스트잇 한 장에 한 명씩 적어 놓는다. 이름, 성별, 나이, 직업, 성격 등 소설 구성에 필요한 사항을 적어서 벽에 죽 붙여 두는 것이다. 그것을 보면서 상상력을 발휘하여 소설을 쓴다고 한다.

보고할 때도 포스트잇을 활용할 수 있다. 보고하기 전에 보고 할 요지를 포스트잇 안에 메모하여 들어가는 것이다.

아래처럼 3가지 핵심을 적는다.

① WHY(왜 보고하러 왔나)

② WHAT(무슨 일이 있나)

③ HOW(어떻게 했나)

이 순서대로 보고하면 상사가 딴짓하는 경우가 급격히 줄어든다. 무엇보다 좋지 않은 보고를 할 때도 효과적이다.

일하는 사람에게 중요한 능력 중 하나는 할 일을 잘 관리하는 것이다. 쏟아지는 업무 사이에서 계획을 세우고, 제한된 시간 안에 세부적인 과제들을 일사불란하게 처리해야 한다. 그러기 위해서는 머릿속 막연한 일들을 시각적으로 구체화하는 것이 일의 효율을 높인다.

포스트잇으로 업무를 관리하는 첫 번째 스텝은 해야 할 일을 모두 포스트잇에 적는 것이다. 그리고 포스트잇들을 펼쳐 둔 채 아래 4가지 사항을 점검한다.

① 어떤 일을 해야 할까?

② 그중 중요한 일은 무엇일까?

③ 어떤 순서로 업무를 처리해야 할까?

④ 당장 어떤 업무부터 시작해야 할까?

할 일은 많은데 무언가 놓치고 있는 기분이 들거나, 수많은 업무 중 어떤 것부터 해야 할지 감이 잡히지 않을 때, 이 방법을 쓰면 훨씬 가벼운 마음으로 업무에 임할 수 있다. 포스트잇으로 업무를 관리하는 3가지 방법이 있다.

① 하나의 포스트잇에 하나의 업무만 적는다.

메모 하나가 업무 한 개를 의미한다. 포스트잇 업무관리법에서 꼭 기억해야 할 것이 있다면 '하나의 메모에 하나의 업무를 적는다'는 것이다. 해야 할 일을 포스트잇에 자유롭게 적고, 할 일이 발생할 때마다 새로운 포스트잇에 적는다.

할 일을 적을 때 그 일은 '최소 단위'여야 한다. 써뒀던 일이 더 작은 단위로 쪼개져야 하는 경우는 새 포스트잇에 다시 적는 게 좋다.

② 업무를 분류하고 우선순위를 정한 뒤, 하나씩 처리한다.

생성된 포스트잇을 보면서 카테고리와 우선순위를 고려하여 일의 순서를 재정렬한다. 오늘 반드시 해야 하는 일이거나 중요한 업무에는 굵은 테두리를 쳐서 강조 표시를 한다. 이는 무엇을 해야 할지 고민하는 시간을 줄이고, 하루 동안 반드시 해야 할 일을 확인함으로써, 시간을 알뜰히 사용하는 데 도움을 준다.

경우에 따라서는 순서대로 업무를 진행할 수 있도록 숫자를 적어 순서를 표시하면 더욱 좋다.

③ 완료는 사선, 취소는 엑스선, 중요 업무에는 동그라미로 강조 표시를 한다.

해당 업무를 완료하면 사선을 그어 표시한다. 만약 해당 업무가 취소되었거나 무한정 보류된 경우에는 양쪽으로 사선을 그어 X 표시를 하여, 하지 않아도 되는 일임을 표시한다. 하지 않아도 되는 업무를 그냥 버리지 않고 표시해두면 훗날 업무 히스토리를 파악할 때 도움이 된다.

정리하면 중요한 업무는 강조, 완료한 업무는 사선, 취소된 업무는 엑스선으로 표시하는 것이다.

09

미루기 병

시간을 갉아먹는 '나중에' 바이러스

초등학교 저학년 문고 시리즈 중에 《알았어, 나중에 할게!》라는 제목의 동화책이 있다. 이 책의 주인공 미루는 엄마가 무얼 시켜도 '이따가, 나중에, 조금 이따가!'라면서 할 일을 항상 미룬다. 그러다가 시험이 코앞에 닥치면 벼락치기로 공부한다. 당연히 성적은 그저 그럴 수밖에 없다.

참지 못한 엄마는 미루를 '게으름 병' 고치는 학원에 보낸다. 그러나 학원은 게으름 병을 고치기는커녕 요령 있게, 더 게을러지는 방법을 가르친다. 게으름을 많이 피우는 학생에게는 배지도 달아준다. 누워서 게으름 피기, 미루기, 정리정돈하지 않기, 핑계 대기 등 게으름

왕이 될 정도로 게을러졌다. 그러다가 문득 모든 일을 나중으로 미루는 습관이 얼마나 나쁜 것인지 깨닫게 된다는 이야기다.

'나중에'가 관성이 붙어 '미루기 병'이 된다

'나중에'라는 벌레가 있다.
나중에는 속명이고
과명은 '다음에', '좀 이따가' 등으로 불린다.

'나중에 바이러스'가 몸에 퍼지면 되는 일도 안 되는 일도 없이 무기력한, 물에 물타기식이 된다. 어떤 일이 닥쳐도 '나중에'라는 말로 얼버무린다. 그러다 데드라인이 되어서야 서두르지만, 그렇게 한 일의 성과는 보나마나다. '나중에 병'에 걸린 사람을 어떻게 구분할 수 있을까?

책상 서랍을 열어보면 안다. 이런 사람들의 책상 서랍 속에는 온갖 서류들이 무질서하게 나뒹굴고 있다.

'나중에 병'에 걸린 사람들의 정신 구조를 연구하고 있는 시카고 데브로 대학의 조셉 페라리 교수에 의하면 대략 20%의 사람들이 습관적으로 일을 뒤로 미룬다고 한다. 이는 시간관리의 문제가 아니라, 일종의 '질환'이라는 것이다.

강압적인 엄마에 의해 강압적으로 길러진 아이들 중에 이런 사람들이 많다고 한다. 엄마가 시키는 일은 무조건 싫은 것이다. 또 엄마의 의사意思에 의해 움직이던 습관이 남아 있는 마마보이들은 막상 자신의 생각과 의지로 일을 한다는 것에 대해 두려움을 가지고 있어, 매사를 차일피일 미룬다고 한다.

동기부여 전문가인 페트르 루드비크는 미루는 습관을 고치기 위해서는 선택지를 좁히라고 말한다. 선택지가 많으면 행동이 일어나지 않는다. A, B 중에서 선택하게 하는 훈련을 시키라는 것이다. 선택지를 좁힌 다음, 목표를 좀 더 분명히 해서 동기를 부여하는 훈련이 필요하다. 아이가 장난감을 사달라고 조르면 그냥 사줄 게 아니라, 자동차와 포클레인 중에서 선택하는 훈련을 시키라는 것이다.

미루는 습관은 마치 관성과 같다. 시간이 지날수록 가속도가 붙어 점점 더 무거워진다. 그 습관의 끈을 끊지 않으면, 언제든 우리를 옥죈다. 어릴 때 밧줄에 묶여서 자란 코끼리는 성체가 되어서도 자신이 밧줄에 묶여 있는 것으로 착각해 달아나지 못하는 경우와 똑같다.

낯선 일에 익숙해지는 연습, 이미지 트레이닝

한 산골 소녀가 바다를 보기 위해 길을 떠났다. 마을을 벗어나 낯선 곳에 이르니, 네 갈래 갈림길이 나왔다. 어느 길이 바다로 가는 길일까?

소녀는 이 길도 조금 가다가 다시 돌아오고, 저 길도 가다가 다시 돌아왔다. 그러다가 세월이 흘러 노파가 되었다. 노파는 산꼭대기로 올라 사거리 길을 살폈다. 이런, 모든 길이 바다로 통하고 있었다. 그러나 이제는 어느 길도 끝까지 갈 힘이 남아 있지 않았다.

매사를 다음으로 미루는 사람은 성격의 문제가 아니라 일종의 병으로, 행동장애라고 한다. 실패에 대한 두려움이나 새로운 일이 낯설기 때문에 엄두를 내지 못하는 것이다.

이런 사람들에게는 이미지 트레이닝Image training이 효과적이다. 낯선 일에 익숙해지는 연습이다. 예상되는 일의 전개 과정, 난관, 문제점 등을 머릿속에서 상상한다. 그리고 이를 풀어나가는 과정을 다시 상상하고 나면 훨씬 더 친숙해진다. 그러면 쉽게 행동으로 옮겨진다는 것이다.

이미지 트레이닝은 그냥 머릿속으로 슬쩍 해보는 것이 아니다. 효과를 보려면 실제로 훈련하는 것보다 훨씬 더 많은 집중력이 요구된다. 생각처럼 만만한 훈련법은 아니지만, 그 효과만큼은 상당하다.

우리나라 양궁 선수들은 촛불 명상을 한다. 촛불 명상을 통해 경기장에서 벌어지는 여러 상황에서 자신이 활을 쏘는 장면을 그리고 또 그린다. 명상은 마음뿐 아니라 혈압, 맥박 등 생체 리듬을 안정시켜주기에 경기력 향상에 큰 도움이 된다.

권투 선수들은 자신이 상대할 선수의 특성을 분석하고 또 분석하여 상대 선수의 행동을 상상한다. '상대 선수의 왼발이 나오면 다음에는 라이트 스트레이트가 나온다. 나는 이렇게 피하거나 아니면 이렇게 카운터펀치를 날린다'고 상대방의 동작을 상상하면서 연습하는 것이다.

축구 선수들도 경기 중 자신과 맞닥뜨릴 가능성이 높은 상대 선수의 습관이나 동작을 머릿속에 그리면서, 그런 상황에서 어떻게 대응할지를 상상한다. 축구는 포지션 경기이기 때문에 마주칠 가능성이 높은 선수가 서너 명으로 좁혀진다. 그런 이미지 트레이닝을 마친 선수들은 실전에서 상상했던 상황이 벌어지면, 즉시 예정됐던 행동이 나온다.

미국 테네시 대학 여자 농구 팀을 대상으로 한 연구에서도 기존 연습에서는 자유투 성공률이 52%였지만, 야유를 퍼붓는 관중 앞에서 공을 던지는 이미지 트레이닝을 하고 나면 65%로 올라갔다.

중국의 류치쿵, 그는 1958년 차이코프스키 피아노 콩쿠르에서 2등을 수상한 피아니스트다. 하지만 중국의 문화혁명이 시작된 다음 해에 투옥되어 7년간 옥고를 치렀다. 감옥에서는 피아노를 치기는커녕 구경조차 할 수 없었다. 하지만 놀랍게도 그는 석방되자마자 순회 연주회에 나섰다. 7년이라는 긴 시간 동안 피아노를 만져보지도 못한 사람이, 출옥하자마자 관객들 앞에 선 것이다.

더욱 놀라운 것은 그의 연주 실력이었다. 피아노를 7년간 만져보지도 못했지만, 그의 연주 실력은 오히려 전보다 향상되어 있었다. 평론가들은 어떻게 이런 일이 가능한지 류치쿵에게 물었다. 그의 대답은 의외로 간단했다. 날마다 피아노 연습을 했다는 것이다.

물론 실제로 건반을 누르면서 연습할 수는 없었다. 그가 선택한 방법은 바로 상상 속에서 피아노를 연주하는 것이었다. 그는 자신이 연주해봤던 모든 곡의 음 하나하나를 마음속에서 연습했다. 피아노를 만질 수 없는 현실에서도 그는 마음으로 피아노 건반을 누를 수 있었던 것이다.

자기충족적 예언

《시크릿》이라는 책이 신드롬을 일으킨 적이 있었다. 긍정적인 생각을 하면 모든 게 긍정적으로 풀리고, 부정적으로 생각하면 또 그렇게 된다는 것이다. 일종의 자기충족적 예언Self-fulfilling prophecy이다. 부모로부터 "너는 최고가 될 거야!" 하는 칭찬을 듣고 자란 아이는 정말 최고가 될 가능성이 높다는 것이다.

이미지 트레이닝과 흡사한 측면도 있다. 강력한 염원은 내가 원하는 것을 연결시켜주고 끌어당긴다. 매사 긍정적인 사고와 염원이 훨씬 더 좋은 성과를 낳으리라는 것은 충분히 이해가 간다.

피그말리온 효과라는 게 있다. 조각가였던 피그말리온은 자신이 이상으로 생각하는 여자를 실물 크기의 상아로 조각했다. 그리고는 자신이 만든 여인상을 사랑하게 되었다. 그는 이 여인과 결혼할 수 있기를 간절히 기도했다. 이에 여신 아프로디테가 그의 기도에 응답하여 여인상에 생명을 불어넣어 줬고, 피그말리온은 인간이 된 그 여인상과 결혼하게 되었다. 이것이 피그말리온 효과다. 간절히 원하면 이루어진다는 이야기다.

아일랜드 출신의 극작가 조지 버나드 쇼는 이 신화를 바탕으로 〈피그말리온〉이라는 희곡을 만들었고, 영화 〈마이 페어 레이디〉는 이 희곡을 기초로 만든 것이다.

이 자기충족적 예언을 개념화한 사람은 미국의 사회학자인 머튼이다. 그는 잘못된 예언이 결국, 그 예언이 현실화되는 것으로 이어지는 경우를 자기충족적 예언이라고 정의했다.

예를 들면 그리스 신화에 나오는 오이디푸스에 대한 신탁은 끔찍하다. 아버지를 죽이고, 어머니와 결혼할 거라는 그 예언 말이다. 이를 피하기 위해 발버둥치지만, 결국 운명의 물줄기는 그 예언이 성취되는 방향으로 흘러가더라는 것이다.

위약 효과도 일종의 자기충족적 예언이다. 가짜 약을 주면서 특효약이라고 속이면 실제로 효과가 나타난다. 이는 환자의 자기충족적 예언이 이루어진 사례일 것이다.

10

생활 패턴

1일 단위로, 일주일을 알차게 완성하라

미루기란 해야 할 일을 시작하지 않는 것, 시작한 일을 마무리짓지 않고 질질 끄는 행위를 말한다. 일을 자꾸 미루는 사람들은 아마도 자신이 게을러서 그렇다고 생각할 것이다.

하지만 시간관리 전문가들은 일을 미루는 사람들이 좌절에 대한 인내도가 낮다는 사실을 발견했다. 또한 너무 쉽게 포기하고, 실패에 대한 두려움이 크며, 자율과 승인에 대한 욕구가 높은 완벽주의자 성향이 강하다고 한다.

심리학자 윌리엄 크나우스는 대학생의 90%가 일을 뒤로 미룬다는 결과를 내놓았다. 이 학생들 가운데 약 25%는 일을 뒤로 미루는 것이 습관화되어 있었다. 다행인 것은 미루기는 고쳐질 수 있는 습관이다. 미루기를 고치기 위한 가장 좋은 방법은 오늘 할 일을 내일로 미루지 않는 것이다.

1일에서 일주일 단위로 생활 패턴을 확장하라

1913년, 예일 대학 졸업식에서 연설했던 윌리엄 오슬러는 청중들에게 "오늘 속에서 생활하라."고 권유했다. 말의 요지는 오늘은 오늘의 일을 완성하고, 내일의 일은 내일 하라는 것이다.

1일은 진행 상황을 계획하고, 뒤로 미루지 않을 수 있는 편리한 단위다. 1일 단위로 일하면, 놀랍도록 일처리를 할 수 있다. 큰 목표의 경우 1일 단위로 생각한다. 이것은 6시간의 집중이 필요한 계획, 하루에 끝나는 일을 의미한다. 그런데 왜 6시간일까?

집중력을 모으면 6시간 일하는 것만으로 충분하기 때문이다. 대부분의 사람들은 6시간 동안 집중해서 일하는 경우가 드물다.

1일 단위로 생활 패턴을 만들었다면, 이제 일주일 단위로 생활 패턴을 확장하는 것도 좋다. 사람이 단기적으로 기억이 가능한 용량은 7개 전후라는 '마법의 숫자 7'이 있다. 하버드 대학 심리학 교수 조지 밀러는 사람이 짧은 시간 동안 한 번에 기억할 수 있는 정보의 양은 7개 정도라고 밝혔다. 그래서 지금도 전 세계의 전화번호는 국가번호와 지역번호를 제외하고 대부분 7자리다. 따라서 시간관리 역시 일주일 주기로 되풀이해야만 가장 실천하기 쉽다.

만약 일주일 이상이 되면 일을 미루게 되는 경향이 많아진다. 다음 주까지 시간의 여유가 있는 일을 지금 당장 시작하는 사람은 드물다. 오늘은커녕 이번 주 안에도 시작하지 않는다. 다음 주가 아니라, 이번 주가 되어야 바로 실천할 수 있다. 그럼 일주일 168시간을 어떻게 잘 활용할 것인가?

우선 독서, 외국어 공부, 가족과의 짧은 여행, 요리, 아이들과 놀아주기를 권하고 싶다. 일주일에 모두 할 수 있는 일들이다. 그중에서 독서와 외국어 공부를 보자.

부자 되는 1순위 습관, 독서

독서는 반드시 해야 한다. 성공한 사람 중에 독서광이 아닌 사람이 별로 없다. 부자들이 책을 즐겨 읽는다는 이야기는 많이 듣지만, 실제로 독서와 성공에 상관관계가 있을까?

《인생을 바꾸는 부자 습관》의 저자 토마스 C. 콜리는 233명의 부자와 128명의 가난한 사람을 대상으로 각자의 습관을 설문 조사했다. 조사 결과, 부자와 가난한 사람의 독서 습관은 천지 차이가 났다.

매일 30분 이상 책을 읽는 사람이

부자는 88%였지만,

가난한 사람은 단 2%였다.

그렇다면 TV 시청 습관은 어떨까?

같은 설문 조사에서 부자의 60% 이상은 TV 시청 시간이 하루 한 시간 미만이었다. 반대로 가난한 사람들은 20% 정도만이 하루 한 시간 미만으로 TV를 시청했다. 응답자의 80%가량은 한 시간 이상 TV를 시청했다는 이야기다.

이렇듯 매일 책을 읽고 TV는 상대적으로 멀리하는 것이, 부자들의 대표적인 습관으로 꼽을 수 있다.

독서 목표는 분량으로 정하는 방법과 시간으로 정하는 방법이 있다. 일주일은 168시간이다. 자, 일주일 단위로 생활을 한다고 해보자.

직장인들의 경우 주 5일은 출근을 해야 하니 5일의 아침, 저녁 시간과 온전한 이틀의 휴일 그리고 자투리 시간이 남는다. 그 시간이면 일주일에 한 권의 독서는 무난하다.

특정 분야의 전문 서적이나 고전, 명작을 골라 읽는 것이 좋을 듯하다. 어린왕자의 상상력으로 나를 돌아보는 시간을 갖는 것도 좋다. 세계 문학의 원류로 지칭되는 그리스 비극 〈오이디푸스〉나 셰익스피어의 4대 비극 중 〈리어왕〉, 아니면 도스토옙스키의 〈죄와 벌〉을 선택해도 좋을 것이다. 그 외도 젊은 작가들의 발칙한 소설도 한 권쯤 읽어도 좋겠다.

무엇보다 자신이 독서를 가장 즐길 수 있는 시간을 고정해두는 방법이 효과적이다. 새벽 1시간, 출퇴근 시간 30분, 점심 시간 30분, 잠들기 전 30분, 자투리 시간 등이다. 혼자 하기가 버겁다면 독서 클럽에 가입하여 일주일에 한 권씩의 책을 선정하여 읽고 소감을 발표하는 모임이 좋다. 가벼운 토론 모임도 좋을 듯하다.

우리나라 사람들의 취미 항목에 제일 많이 쓰는 것이 바로 독서다. 하지만 최재천 교수는 《통섭의 식탁》에서 통섭적 삶에 필요한 독서는 '취미 독서'가 아니라, '기획 독서'라고 말한다. 계획성 있는 공략적 독서를 하라는 것이다.

방법은 간단하다. 평소 호기심을 갖고 주위를 관찰하다 하나쯤 관심 있는 분야가 생기면, 그 분야부터 기획 독서를 시작하면 된다. 내가 모르는 분야를 붙들고 씨름을 해보라는 것이다.

국사를 전공하는 사람이 과학 책을 읽는다고 치자. 당연히 안 읽힌다. 그런데도 꾹 참고 두 번, 세 번 읽다 보면 어느새 책장이 넘어가기 시작한다. 그러다 어느 날 매스컴이나 생활 속에서 과학 이야기가 흘러나오면 귀에 들어오기 시작한다. 그렇게 하나씩 새로운 세계를 알아 가는 것이다.

다만 주의할 점은 기획 독서는 생활이 아닌 비즈니스처럼 어느 정도 노력이 필요하다. 실용서 외 인문, 과학 도서들에 대한 장벽을 뚫기 위해서는 어려워도 반드시 해야 하는 과정이 필요해서다. 대개 취미가 아닌 비즈니스인 경우, 어떻게 해서라도 해내야 하는 원리와 같다. 그래서 최재천 교수는 독서를 '투잡'이라고 생각하라고 조언한다.

외국어 공부는 딱 이만큼만

실망하실 수도 있겠지만 성인이 되어서 영어를 배운 경우, 원어민처럼 영어로 말하는 것은 거의 불가능하다. 극히 예외적이라면 영어권 국가에서 오래 산 경우일 뿐이다. 한마디로 원어민이 되기 위해서는 그 나라 사람이 되는 것이 유일한 방법이다.

그러므로 우리가 영어 공부를 해서 얻고자 하는 바를 명확히 해야 한다. 단지 영어로 의사소통할 수 있는 능력을 기르는 것을 영어 공부의 첫 번째 목표로 하면 된다. 이는 단기간에 집중적인 노력을 쏟음으로써 달성 가능하다.

영어로 의사소통할 수 있는 영어 공부를 목표로 하면, 대한민국 직장인들도 히딩크 감독이 인터뷰에서 보여주는 영어 정도는 충분히 할 수 있다. "나는 아직 배가 고프다!I am still hungry!"와 같은 멋진 명언도 남길 수 있다.

영어 공부는 두 가지를 함께 병행해야 한다. 하나는 입력Input이고 다른 하나는 출력Output이다. 듣기와 읽기의 활동은 입력 단계, 목표한 언어에 노출되는 시간이다. 말하기와 쓰기는 출력 단계, 언어로 무언가를 생산해내는 것을 말한다. 이 두 단계를 매일 꾸준히 병행해야 한다.

무엇보다 중요한 건 자신의 수준에 맞는 입력과 출력 단계를 연습해야 한다는 것이다. 입력 단계인 읽기와 듣기를 공부할 때, 책과 유튜브를 활용하면 좋다. 특히 유튜브는 정말 다양한 수준의 영어 공부 재료들이 널려 있다. 한국어든 영어든 자막이 있는 것을 추천한다. 원어민이 아닌 이상, 글과 말을 충분히 이해할 수 없기 때문이다.

책과 유튜브를 선택할 때,
'나는 아직 배가 고프다!(I am still hungry!)'와 같은
의사소통을 위한 영어 공부를 위해서는
초등학교 수준의
그림책과 만화영화를 선택해야 한다.
이것은 출력 단계인
말하기와 쓰기에도 적용된다.

말하기는 팝송 가사를, 쓰기는 영어로 된 명언들을 한 문장씩 외우고 써보는 것을 추천한다.

독해는 되는데, 발음이 문제인 분들이 많다. 이런 분들을 위해서 '바둑돌 Tip'을 귀뜸해드린다. 이렇게 하는 것이다. 사탕을 물듯이 치

아와 볼 사이에 납작한 바둑돌 하나씩을 넣고서, 영어책을 소리 내어 읽는 것이다. 반드시 소리 내어 읽어야 한다. 교재는 모르는 단어가 한 페이지에 1~2개 정도로 쉬워야 한다. 거울을 보면서 연습하면 더 좋다.

이렇게 3개월 정도만 연습하면 완전히 발음이 달라진다. 이 연습을 하기 전에 교재를 읽으면서 녹음해뒀다가, 3개월 연습 후에 다시 한 번 녹음해서 내용을 비교해보라. 아마도 본인도 놀랄 것이다.

이 Tip은 필자가 직접 훈련하여 큰 성과를 얻은 것이기도 하다. 중단 없이 3개월, 좀 더 욕심이 나는 분들은 6개월만 꾸준히 연습해보라.

11

의사결정

신속한 결단 & 과감한 행동

프래그머티즘실용주의을 제창한 철학자이며, 심리학자인 윌리엄 제임스는 이렇게 말한다.

"우유부단함이 습성화되어 있는 사람보다 불행한 사람은 없다. 인생을 바꾸려면 지금 당장 시작하여 눈부시게 실행하라. 예외는 없다."

주위에는 의외로 우유부단한 사람들이 많다. 이러지도 저러지도 못하고 우물쭈물하는 사람은 아무것도 선택하지 못한다. 어느 하나를 선택하는 순간, 다시 후회하는 사람들이다.

아일랜드 출신의 노벨상 수상 극작가 버나드 쇼는 자신의 묘비명에 촌철살인의 명문을 남기고 있다.

"내 우물쭈물하다가 요 모양 될 줄 알았다."

이러지도 저러지도 못하고 방황하는 현상을 심리학 용어로 '햄릿 증후군Hamlet syndrome' 혹은 '결정 장애Indecisiveness'라고 부른다. 사람의 스타일을 크게 둘로 나눈다면 햄릿형과 돈키호테형이 있다. 햄릿은 이럴까 저럴까 생각이 너무 많아서 행동이 일어나지 않고, 돈키호테는 생각도 하기 전에 행동부터 하는 스타일이다. 셰익스피어의 희곡 〈햄릿〉에서 햄릿은 이렇게 말한다.

"사느냐 죽느냐 그것이 문제로다."

결정 장애라는 용어는 저널리스트 올리버 예게스가 쓴 《결정 장애 세대》에서 처음 사용됐다. 1980년대에 태어나 1990년대에 학창 시절을 보낸 젊은 층을 가리키는 용어로 사용하면서 널리 알려졌다.

그들에게는 확신이 없다. 그래서 그들이 가장 많이 하는 말도 "May be!"다. 이 세대들은 어떤 물음에도 분명한 대답을 잘하지 못한다. "글쎄", "아마도", "그런 것 같아"와 같은 모호한 말로 대답하는 경우가 대부분이다. 한 곳에 정착하지도 못하고 한 가지 일에 제대로 집중하지도 못한다.

기성세대는 이들에 대해 '나약하다', '우유부단하다', '결단력이 부족하다'고 비판하지만 예게스는 개개인의 나약함 때문이라기보다는 급격한 사회 변화에서 원인을 찾아야 한다고 말한다.

사회가 초고속으로 디지털화되면서 선택의 범위가 과거와는 비교

할 수 없을 정도로 넓어졌기 때문에, 무언가를 결정하는 일이 그만큼 더 어려워졌다는 것이다. 선택의 옵션이 많으면 오히려 결정에 장애를 일으킨다.

의사결정은 정답을 찾는 게 아니라, 결단의 문제다

빠른 의사결정은 많은 시간과 노력을 절약해준다. 의사결정은 정답을 찾는 게 아니라, 결단의 문제다. 깊은 산에서 길을 잃었을 때는 우왕좌왕해서는 절대 빠져나오지 못한다. 어느 방향이든 한 방향을 잡고 나아가면 밖으로 나올 수 있다. 설사 그게 조금 돌아오는 길일지라도 말이다.

A, B 두 개의 길이 있다고 하자. 두 길 모두 험하지만 어느 길이 상대적으로 더 안전한지는 모른다. 이걸 논리적으로 풀려고 끙끙대다가는 세월 다 간다. 그보다는 어느 한 길을 선택해서 리더십으로 팀을 이끌고 가는 게 훨씬 더 안전하다.

손정의 회장은 신속한 의사결정의 달인이다. 중국의 마윈이 B2B 기업인 알리바바를 창업하고서 자금이 없어 쩔쩔 매고 있을 때 손정의 회장이 나타났다. 야후 창립자 제리 양이 주선해준 만남이었다. 마윈이 알리바바의 구상을 6분 정도 설명하고 있을 때 손정의 회장이 말을 가로막았다.

"좋소, 내가 2천만 달러를 투자하겠소."

후일 손정의는 이렇게 말했다.

"나는 그의 눈에서 열정을 봤다."

14년 뒤, 손정의 회장의 투자 금액은 578억 달러약 70조 원로 3천 배가 늘어났다. e-커머스를 지향하는 우리나라의 쿠팡도 손정의 회장이 투자한 회사다.

의사결정을 하지 못하고 차일피일 미루는 것은 시간이라는 자원을 그냥 흘려보내는 낭비다. 의사결정 지연으로 인한 손실은 눈에 보이지도 않는다. 대차대조표에는 나타나지 않는다는 말이다. CEO의 우유부단은 돈과 시간을 빨아들이는 블랙홀인 셈이다.

실패하는 경영자의 특성 중 하나가 과도한 조심Excessive caution, 즉 의사결정을 내리는 데 두려움을 느끼는 것이다. 지나친 정보 수집, 즉 '분석 증후군'에 시달리는 사람들이 많다. 오너가 아닌 경우에는 이런 현상이 좀 더 심하다고 한다. 그러나 위험 부담을 줄인다는 이유 때문에 시간을 지체하는 것은 오히려 위험을 증대시킨다.

《좋은 기업을 넘어 위대한 기업으로》의 저자 짐 콜린스는 이렇게 말한다.

"유능한 경영인은 결정이 힘들고 어렵더라도

결코 미루지 않는다.

실패한 결정 10개 중 8개는

판단을 잘못해서가 아니라,
'제때' 결정을 내리지 못했기 때문에
실패한 것이다."

완벽한 의사결정은 이론적으로는 충분한 정보를 가지고 미래를 예측할 수 있다면 가능하다. 그러나 그런 완벽한 조건은 결코 갖춰지지 않는다. 그래서 인간의 결정은 어떤 경우에도 완벽하지 못한 것이다.

미국의 경우 2000년부터 2013년까지 포춘 500대 기업의 CEO 1/4이 비자발적으로 물러났다. 이들 대부분은 잘못된 의사결정을 해서라기보다는 우물쭈물하다가 기회를 놓치고, 기업에 손실만 끼친 사람들이라고 한다.

우유부단보다는 잘못된 결정이 낫다. 시행착오를 겪으면서 궤도를 수정해 나가라는 것이다.

위대한 CEO들이라고 늘 위대한 결정을 내리지는 못한다. 다만 위대한 결단이 있을 뿐이다. 애매한 상황이라도 CEO의 결단 하나가 분위기를 반전시켜 좋은 결과를 낳을 수 있다.

신속한 의사결정을 위해서는 문제를 단순화시켜야 하지만 현실의 여건은 오히려 반대로 가고 있다. 하버드 비즈니스 리뷰에서 로저 마틴 교수는 많은 글로벌 기업의 CEO들은 의사결정 시 소위 통합적 사고라는 관점에서 문제를 복잡하게 만드는 것을 선호한다고 말한다. 많은 CEO들이 문제를 좀 더 넓고, 깊고, 복잡하게 생각하려는 것을 의미한다. 그래서 머뭇거린다.

물론 통합적 사고가 모두 나쁘다는 것은 전혀 아니다. P&G에서 농축세제 타이드를 개발할 때의 일이다. 절반만 써도 세탁 효과는 동일하다는 콘셉트였다. 그러나 시장 조사 결과는 시큰둥했다. 실무자들은 반대했다. 생산 비용, 가격, 예상 매출을 감안하면 득이 될 게 없다는 것이다.

하지만 CEO 엘런 라플리는 생각이 달랐다. 효과가 2배면 용기의 크기도 절반이면 된다. 여기서 절감되는 관리비용과 물류비용까지 감안한 것이다. 결과는 대히트였다. 이런 것이 통합적 사고다.

작은 선택 훈련이, 곧 의사결정 훈련이 된다

의사결정도 훈련이다. 훈련이 되어 있지 않으면 일상적으로 반복되는 일 외에는 아무것도 결정할 수 없다. 실수를 하더라도 어려서부터 자신의 일은 스스로 결정하는 습관을 길러줘야 한다. 그래야 사리판단의 능력을 갖출 수 있다.

그래서 선택 훈련은 어려서부터 시작해야 한다. 아이가 장난감을 사달라고 하면 무작정 사줄 게 아니라, 아이가 좋아하는 또 하나를 제시하면서 아이로 하여금 선택하게 해야 한다. 그러면 아이는 두 개의 대안 중에서 어느 것을 선택하는 것이 유리한지 따지고 판단하는 능력을 기르게 된다.

신속한 의사결정에 도움이 되는 몇 가지 이론을 소개한다.

① **'코뿔소 이론'이다.**

영국의 역사학자 폴 존슨은 결정 장애를 극복하는 방법으로 코뿔소 이론을 제시하고 있다. 코뿔소처럼 단순, 무식하게 목표를 향해 돌진하라는 것이다.

코뿔소 이야기는 원래 불교 경전 '숫타니파타'에 나오는 이야기다. 〈무소의 뿔처럼 혼자서 가라〉는 대목이 그것이다. 코뿔소에는 뿔이 하나인 종과 뿔이 두 개인 종이 있다. 미얀마에서 수마트라까지 널리 분포되어 있는 흰 코뿔소, 검은 코뿔소, 수마트라 코뿔소는 뿔이 두 개다. 그리고 인도와 자바 지역의 코뿔소는 뿔이 하나뿐이다. 무소는 뿔이 하나뿐인 인도 코뿔소를 가리키는 말이다. 뿔이 두 개인 코뿔소들은 가족을 이루어 살아가지만, 뿔이 하나뿐인 코뿔소는 혼자서만 생활한다.

"무소의 뿔처럼 혼자서 가라."는 말은 세상만사에 대한 집착을 버리고, 우직스럽게 자신만의 수행의 길을 혼자서 가라는 의미다. 스티브 잡스도 스탠퍼드 대학 졸업식 연설에서 '우직스러움Stay hungry, Stay foolish'을 유난히 강조했다. 늘 갈망하고 우직스럽게 자신의 길을 가라는 것이었다. 역사적으로 드골이나 윈스턴 처칠처럼 단순무식한 전력을 구사한 사람들도 많다. 그리고 그것이 신념일 경우에는 사람들을 움직일 수 있다는 것이다.

② **'고슴도치 이론'이다.**

짐 콜린스의 《좋은 기업을 넘어 위대한 기업으로》에는 여우와 고슴도치 이야기가 나온다. 꾀 많은 여우는 온갖 잔머리를 굴리지만, 결코 고슴도치를 이기지 못한다. 고슴도치의 전략은 단 하나, 가시를 잔뜩 세우고 상대방에게로 돌진하는 것이다. 성공은 요리저리 머리 굴리는 영리한 사람이 아니라, 우직스럽게 행동하는 사람의 몫이다.

③ **'프로스펙트 이론'이다.**

사람은 누구나 나름 합리적인 의사결정을 한다고 생각한다. 그러나 미래 예측에는 한계가 있고, 의사결정자 자신 또한 많은 비합리적인 요소에 의해 영향을 받고 있고, 합리적 미래 예측이라는 것도 한계가 있다. 완벽하고도 합리적인 의사결정은 거의 불가능하다는 것이다.

노벨 경제학상 수상자인 사회심리학자 카너먼은 불확실한 상황에서 사람은 효용이 아니라, 가치에 근거하여 의사결정한다며 '프로스펙트 이론'을 제시했다. 프로스펙트는 '기대치' 정도의 개념이다. 이에 의하면 사람은 손실에 훨씬 더 민감하다고 주장한다. 손실을 덜 보는 쪽으로 의사결정을 한다는 이야기다.

④ **'준거성 이론'이다.**

일종의 상대적인 비교 개념이다. 같은 회사에 근무하는 A와 B가 있다. 올해 연봉이 각각 5천만 원, 4천만 원이라고 해보자. A가 훨씬 더 만족할 것 같으나 사실은 정반대일 수도 있다. 전년도 연봉이 A는

5,300만 원이었고 B는 3,800만 원이었다면, 그럴 수도 있다는 것이다. A는 연봉이 줄어들었고 B는 연봉이 올라간 경우이기 때문이다.

청담동 음식은 비싸야 제격이고 대학로 음식은 싸야 제격이다. 청담동에서 대학로 가격 수준의 음식점을 운영한다면, 결과는 보지 않아도 뻔하다.

⑤ '민감도 체감성 이론'이다.

민감도 체감성이란 이익이나 손실이 작을 때에는 작은 손익에 비교적 민감하게 반응하지만, 이익이나 손실의 가치가 커지면 작은 변화에 대해 그다지 민감하지 않게 반응하는 것을 말한다. 주식에서도 자신이 보유한 주식이 2~3% 오르거나 내리면 기분이 Up 혹은 Down이 된다. 하지만 상한가나 하한가를 몇 번 경험한 후에는 2~3% 변화에 무디어진다.

⑥ '손실 회피성 이론'이다.

50만 원의 수익과 50만 원의 손실이 있다고 하자. 같은 금액이라도 이익에서 얻는 만족감보다는 손실에서 오는 고통이 훨씬 더 크게 느낀다. 그래서 사람들은 가급적이면 손실의 가능성이 낮은 선택을 하게 된다. 따라서 이익은 확실한 것을 선호하며, 손실은 불확실한 것을 선호한다는 것이다.

어느 팀의 실적이 좋아 보너스를 주게 되었다. 나눠주는 방법은 2가지다.

① 모든 팀원이 고르게 50만 원을 받는다.

② 동전 던지기를 해서 앞면이 나오면 100만 원, 뒷면이 나오면 '꽝'이다.

어느 것을 선택할 것인가? 대부분의 사람들은 ①번을 선택하게 된다. 그게 확실한 이익이기 때문이다. 반대로 팀의 실적이 좋지 않아 벌금을 내게 되는 경우를 보자.

① 팀원 전원이 50만 원씩 벌금을 낸다.

② 동전 던지기를 해서 앞면이 나오면 패스, 뒷면이 나오면 100만 원을 내야 한다.

어느 것을 선택할 것인가? 대부분의 사람들은 손실이 불확실한 ②번을 선택하게 된다.

12

매몰비용

낭비한 시간에 대한 후회가 가장 큰 낭비다

한 남자가 죽어서 저승으로 갔다. 저승 심판대 앞에 선 그는 심판관의 질문을 받았다.

"이승에 사는 동안 만족스러웠는가?"

"저의 삶을 돌아보니 아쉬운 것이 너무 많습니다. 남의 눈치보느라 하고 싶은 것을 하지 못했으며, 두려움 때문에 머뭇거리느라 좋은 기회를 모두 놓쳤으며, 사는 동안 좀 더 열심히 살지 못한 것 등 후회뿐입니다. 저는 너무 억울합니다. 한 번만 더 이승으로 보내주시면 정말 열심히 살겠습니다."

그러자 심판관이 버럭 소리를 질렀다.

"네 이놈, 지난번에도 한 번만 이승으로 보내달라고 애원하는 바람에 기회를 줬더니만, 똑같이 살다 왔구나!"

지금 이 순간이 가장 소중하다는 의미로 해석된다.

매몰비용에 빠지지 마라

주위를 보면 공무원 시험 준비를 10년 이상 하고 있는 사람들이 있다. 포기하고 싶지만 그동안 투자한 시간이 아까워 포기하지 못하는 경우다. 주식투자를 하는 사람들이 큰 손해를 보고서도 쉽게 주식에서 손을 떼지 못하는 것은 그동안 투자한 돈이 아까워서다. 본전이라도 찾고 싶은 욕심 때문이다. 그래서 더 큰 손해를 보게 된다.

이처럼 회수가 불가능한 잃어버린 돈과 시간을 매몰비용Sunk cost이라고 부른다. 세상에서 가장 바보 같은 짓이 과거에 발목을 잡혀서, 매몰비용이 아까워 앞으로 나아가지 못하는 사람들이다.

그리스 신화에 나오는 오르페우스의 이야기를 보자. 그는 아폴론과 뮤즈인 칼리오페 사이에서 태어난 아들로 리라 연주에 뛰어난 능력을 가지고 있었다. 그는 아름다운 요정 에우리디케를 만나 사랑에 빠져 결혼했다. 결혼식 며칠 후 에우리디케는 요정들과 들로 나들이를 갔다가 양치기 소년을 만나게 된다. 양치기 소년 아리스타이오스도 그녀의 미모에 반해 그녀에게 달려들었다. 이에 놀란 에우리디케는 숲으로 도망치다가 그만 뱀에 물려 죽고 말았다. 이 소식을 들은 오르페우스는 비탄에 빠졌다. 그대로 에우리디케를 포기할 수는 없었다. 그는 지하 세계의 왕 하데스를 찾아가기로 결심했다.

하데스를 만난 그는 리라를 연주하면서 노래를 불렀다. 그리고는 억울하게 죽은 에우리디케를 돌려달라고 애원했다. 이에 감동한 하데스는 에우리디케를 돌려주면서 한 가지 조건을 붙였다. 지상에 도착하기 전에는 절대로 뒤돌아보면 안 된다는 것이었다. 지상에 도착할 무렵 빛나는 태양을 보고, 오르페우스는 에우리디케가 뒤따라오는지를 확인하기 위해서 뒤돌아봤다. 순간 에우리디케는 다시 지하 세계로 떨어지고 말았다.

오르페우스는 피눈물을 흘리면서 후회했지만 엎질러진 물이었다. 두 번이나 아내의 죽음을 지켜봐야 했던 오르페우스는 마치 실성한 사람처럼 리라를 들고 황야를 떠돌아다니며 폐인처럼 살다 죽었다. 돌이킬 수 없는 과거에 집착하지 말라는 교훈이다.

매몰비용은 또 콩코드 효과라는 이름으로도 불린다. 콩코드는 영국과 프랑스의 합작 항공사다. 마하 2.2의 속도로 8시간 걸리던 파리~뉴욕 간 비행 시간을 3시간대에 주파하여, 미국의 보잉을 능가하겠다는 야심찬 계획이었다. 양국이 여기에 투자한 돈은 190억 달러였다. 초기에는 초음속 여객기 시대가 열린다며 꿈에 부풀어 있었으나, 계획이 진행되는 동안 경제성이 없다는 사실을 알게 되었다.

하지만 이미 투자한 돈과 시간이 아까워 포기할 수가 없었다. 그러다가 2003년, 취항 24년 만에 문을 닫으면서 '콩코드 효과'라는 오명을 얻게 된 것이다. 장기적인 프로젝트는 늘 여건의 변화를 점검해야 한다.

현재와 과거가 싸우면 미래가 없다

미래학자 앨빈 토플러는 이렇게 말했다.

"과거에 매몰되지 말고 미래를 만들어라. 미래가 과거를 정리해줄 것이다."

미국의 시인 롱펠로는 이렇게 말했다.

"과거를 슬프게 들여다보지 마라. 그것은 다시 오지 않는다. 현재를 슬기롭게 이용하라. 그것은 그대의 것이다."

세계적인 투자자 워런 버핏은 이렇게 말했다.

"나는 지난 일을 후회하지 않는다. 뭣 하러 지난 일에 대해 생각하나? 중요한 것은 미래다."

모두 과거의 수렁에 빠지면 미래가 없다는 의미로 사용되는 경구들이다. 그러나 실제로 후회를 한 번도 하지 않는 사람은 없다. "내 사전에 불가능은 없다."라고 큰소리치던 나폴레옹조차도 세인트헬레나에서 죽어 가면서 철저한 준비 없이 러시아를 침공했던 일을 가장 뼈아프게 후회했다. 히틀러의 약속만 믿고 평화협정을 체결했던 영국의 체임벌린 수상은 막상 2차 세계대전이 발발하자, 자신의 발등을 찍고 싶었을 것이다.

이와 유사한 개념으로 '기득권 매몰 효과'라는 것도 있다. 기업 환경은 살아있는 생물과도 같다. 다윈이 말하는 적자생존의 세상이다. 생물과 마찬가지로 기업도 끊임없이 변하는 환경을 지배할 수 없기에, 환경에 적응하지 못하면 도태되고 만다. 기득권에 집착하다 도태되는 경우를 기득권 매몰 효과라고 부른다.

기득권에 매몰되어 변화의 물결을 외면하다가 기업이 문을 닫거나 쇠락한 경우들이다. 통신 기업 노키아, 사진의 대명사 코닥, 전자업계의 대명사였던 소니 등이 매몰비용에 허우적거리다 무너져 내린 회사들이다. 반면 인텔, IBM, 애플 등은 기득권을 포기하고 변화에 편승하여 다시 살아난 사례들이다.

1995년 베트남전의 두 주인공 맥나마라와 지압 장군이 만났다. 두 사람은 베트남전의 주역이었다. 맥나마라는 단기간에 쉽게 전쟁을 끝낼 수 있을 것으로 판단했다. 그러나 게릴라전에 밀리면서 이러지도 저러지도 못하는 수렁에 빠졌다.

미국은 베트남전을
수학적으로 접근했지만,
북베트남은 베트남전을
심리학적으로 접근했다.

결국 북베트남의 판단이 맞았고, 미국은 파리조약을 통해 평화조약을 맺었지만 미국은 알고 있었다. 월남이 곧 패망하리라는 사실을 말이다.

맥나마라는 늘 베트남전 패배의 짐을 지고 있었다. 전자계산기라는 별명으로 통했던 맥나마라는 자기가 벌인 베트남전의 패배를 평생 후회하면서 살았다. 기자들이 그때 무슨 이야기를 나누었느냐고 지압 장군에게 물었다. 지압 장군은 이렇게 말했다.

"맥나마라 당신은 베트남의 역사와 민족을 전혀 연구하지 않고, 수학적 계산만 가지고 베트남전에 뛰어들었다."

그는 또 이렇게 덧붙였다.

"약소국이 강대국을 이길 수 있는 방법은 항상 있다."

맥나마라는 손자병법의 기본인 지피지기知彼知己를 알지 못했던 것이다.

13

습관

더 많은 시간을 좋은 습관으로 소비하라

“인간의 타고난 본성은 비슷하지만, 습관에 의해서 운명이 달라진다.”

공자님 말씀이다. 좋은 습관 하나는 우리의 삶을 바꾼다. 습관은 삶의 씨가 되기 때문이다.

정리와 시간관리의 달인 아이젠하워 대통령은 다음 날의 행사나 만날 사람 등을 고려하여 미리 입을 양복과 넥타이를 골라놓고 잠자리에 들었다. 이것 하나로 바쁜 아침 시간 10분을 절약할 수 있다.

《아주 작은 습관의 힘》을 쓴 제임스 클리어는 좋은 습관을 만드는 4가지 방법을 소개하고 있다.

① 분명하게 하라

② 매력적으로 만들어라

③ 실천하기 쉽게 만들어라

④ 만족스럽게 만들어라

습관은 적분이고 복리다

습관은 무의식중에 나오는 행동이다. 그래서 습관은 쌓이고 또 쌓이게 되는 것이다. 심리학자들에 의하면 우리 행동의 40%는 의식의 결정이 아니라, 습관의 산물이라고 한다.

따라서 작은 습관이 일생 동안 쌓이면 큰 결과를 낳을 수 있다. 습관은 우리의 삶을 지배하고, 운명을 결정한다. 그래서 습관은 하나씩 쌓아 가는 적분인 것이다.

또 습관은 복리로 불어난다. 작은 습관 하나 고친다고 하루아침에 모든 게 달라지지는 않는다. 처음에는 다른 사람과 작은 차이밖에 나지 않지만 그것이 쌓이면 1년, 3년, 5년 후에는 큰 차이로 벌어진다. 저녁에 30분 일찍 자고, 아침에 30분 일찍 일어나 독서하는 습관 하나만으로도 많은 것이 달라진다.

신용카드를 버리고 체크카드 쓰는 습관을 가져보라. 당장 결제한 금액이 한 달 후가 아닌 바로 자신의 통장에서 빠져나가는 경험만으로 당신의 지출은 확연히 줄어들 것이다. 그것이 습관이 되면 체크카드보다 현금을 쓰는 습관으로 옮겨갈 수 있다. 이런 사소한 습관 하나가 일 년이 되면 당신의 지출은 반으로 줄어든다.

피터 드러커는 이렇게 말한다.

"내가 만나본 리더들 중 절반은
무엇을 해야 할지
배울 필요가 없는 사람들이다.
그들은
무엇을 그만둬야 할지를
배워야 할 필요가 있다."

애써 좋은 습관 하나를 만들려고 노력하지 마라. 내가 가지고 있는 나쁜 습관 하나만 버려도 그에 못지않은 성과가 난다. 가만히 종이 위에 자신이 가진 나쁜 습관을 적어보라. 최소한 10개 이상의 목록이 작성될 것이다. 이들과 결별하는 것이다.

사람의 언어는 그 사람의 행동을 지배한다. 부정적인 언어 습관 하나만 버려도 삶이 바뀐다. 바쁘다는 말 하나만 버려도 마음에 여유가 생긴다. 핑계 대는 습관을 버리면 훨씬 더 성장한 자신을 발견하게 될 것이다.

하루에 하나씩 '좋은 습관'이 늘어나도록 하라

습관은 개인은 물론 사회도 바꿀 수 있다. 보이스카우트는 영국에서 시작된 사회운동이었다. 이의 모토는 '일일일선一日一善', 하루에 한 가지씩 남몰래 선행하자는 운동이다. 어린 시절부터 선행을 습관화시키면 20년, 30년 후에 더 좋은 사회를 만들 수 있다는 것이다. 민족성이라는 것도 결국은 국민 대다수의 습관이 아닐까.

유명 인사들은 나름대로 좋은 습관 하나씩을 가지고 있다. 수많은 전장을 누볐던 나폴레옹은 결전이 있기 전날, 전투가 벌어질 현장의 지도를 놓고 상상 훈련을 했다. 다양한 싸움의 형태를 그려보는 것이리라. 그리고는 현장에 도착하여 즉석에서 명령을 내렸다.

우리가 일상적으로 마주하는 일도 그러하다. 일의 전개 과정에서 예상되는 어려움을 극복하는 상상을 하는 것이다. 이러면 마주하게 되는 어려움도 전혀 낯설지가 않다.

미국 방문판매 화장품 메리케이 회사의 창업자 메리케이 애쉬는 퇴근하기 전에 다음 날 할 일 6가지를 메모했다. 또한 하루 동안 할 일을 A, B, C, D, E, F 6등급으로 나눴다. A는 즉시 할 일, B는 만약의 경우 미룰 수도 있는 일, C는 남에게 부탁하거나 위임해도 되는 일 등이었다.

아이젠하워는 한 번에 한 가지 일을 끝까지 해내는 시간관리 습관으로 유명했다. 1분 1초를 헛되이 쓰지 않아, 그날 올라온 결재 서류는 항상 그날 안에 깨끗이 처리했다. 그래서 퇴근 무렵 그의 책상은 언제나 깨끗이 정리되어 있었다.

언젠가 아인슈타인을 인터뷰하던 기자가 전화번호를 묻자, 아인슈타인은 수첩을 꺼냈다. 기자가 깜짝 놀라서 "설마 집 전화번호를 기억하지 못하는 건 아니시죠?" 하고 물었더니 아인슈타인은 이렇게 대답했다.

"적어 두면 쉽게 찾을 수 있는 걸, 무엇 하러 머릿속에 넣어 둬야 합니까?"

기록하고 잊어라. 안심하고 잊을 수 있는 기쁨을 만끽하면서 항상 머리를 창의적으로 쓰는 사람이 성공한다. 그 비결은 바로 '메모하는 습관'이다.

주식으로 억만장자가 된 워런 버핏은 사무실에 출근하면 종이로 된 모든 신문을 다 읽는다. 그러고 나서는 자신의 생각이 맞는지 확인하기 위해 8시간 동안 전문가들과 통화한다. 정보 싸움이 곧 투자의 성공인 주식시장에서 워런 버핏이 마이더스의 손으로 불릴 수 있는 것은 바로, 이같이 지독한 독서 습관을 지니고 있기 때문이다.

스타벅스 커피 창업자인 하워드 슐츠는 매일 다른 사람과 점심 식사를 한다. 다양한 사람의 관심사를 알기 위함일 것이다. 이도 역시 권하고 싶은 습관이다.

식사 상대로는 친한 사람도 있고, 알기는 하지만 별로 친하지 않은 사람도 있고, 전혀 모르는 낯선 사람도 있을 것이다. 이런 사람들과 식사 시간의 대화를 통해 많은 정보를 얻음은 물론이고, 자신의 생각을 은연중에 검증하는 기회가 될 수도 있다.

매일이 어렵다면 일주일에 한두 번이라도 다른 사람과 식사하라고 권하고 싶다. 가능하면 나와 전혀 다른 분야에서 일하는 사람이 좋다. 그래야 아이디어나 새로운 것을 배울 수 있기 때문이다. 또 나를 알리고, 내가 하는 일을 홍보하는 기회로 삼을 수도 있다. 이렇게 다양한 사람들을 만나 인맥을 쌓으면 이들과 멋진 벤처 기업을 만들 수도 있을 것이다. 바야흐로 네트워크 시대다.

14

정리정돈

정리를 잘하는 사람 VS 정리를 못하는 사람

정리를 미루는 사람들은 흔히 "나는 정리를 잘해본 적이 없어."라고 탄식한다. 하지만 정리를 잘하는 사람과 정리를 못하는 사람의 유일한 차이점은 정리를 잘하는 사람이 정리한 것을 유지하는 데, 약간의 노력이 필요하다는 사실을 인식하고 있다는 사실뿐이다.

자동차회사 도요타는 '적기 생산 방식'Just in time, 가이젠개선 등의 새로운 경영 용어를 만들어내며 세계 경제계에서 벤치마킹의 모델이 되어 온 초일류 기업이다.

그 도요타 방식을 바닥에서 지탱해주는 토대가 바로 정리정돈이다. 《도요타 정리술》이라는 책으로도 출간되었다. '정리'를 주제로 도요타 출신 컨설턴트들이 정리정돈이 잡무가 아니라, 왜 도요타의 핵심 업무인지 설명하고 있다.

도요타에서는 "언젠가 필요할지 몰라."라며 버리지 않는 것을 '모든 악의 근원'으로 간주한다. 소유하는 것만으로도 비용은 들어간다. 그래서 도요타맨은 '버리기 아까워'라는 생각을 하지 않는다. '필요 없는 것'을 계속 가지고 있는 것이 훨씬 더 '아까운 일'이라고 생각한다. 과감하게 버리는 일, 이것이 바로 도요타맨들의 정리정돈 습관인 것이다.

필요 없는 것은 버리고, 필요한 것은 정돈하라

도요타에서는 책상 위가 지저분한 사람은 일을 못하는 사람으로 여긴다. 그래서 '퇴근할 때는 책상 위에 아무것도 남겨놓지 않는다'라는 생각이 일반화되어 있다.

이렇게 '버리는 기술'로 최고가 된 도요타의 정리 원칙은 다음 세 문장으로 요약할 수 있다.

① '필요 없는 것'은 버려라.

② '필요한 것'은 정돈하라.

③ 가지런히 놓는 것은 단지 '정렬'에 불과하다.

여기서도 알 수 있듯이 도요타는 정리, 정돈, 정렬이라는 3가지 개념을 다음과 같이 정의하고 일상 업무에 적용한다.

정리한다는 말은
'필요한 것'과 '필요 없는 것'을 구분하고,
'필요 없는 것'은 버린다는 의미다.
정돈한다는 말은
'필요한 것'을 '필요할 때,
필요한 만큼' 꺼낼 수 있도록 한다는 의미다.
정렬한다는 말은
'단순히 물건의 배치만 가지런히 바꾼다'는 뜻이다.

예컨대 정리 컨설턴트가 지도한 한 기업은 철저한 정리정돈으로 공장과 사무실에 있던 물건의 80% 정도를 버렸다. 그 결과 직원들의 작업 시간이 무려 45%나 감소했다.

특히 정리정돈을 하기 전 공장 내부에는 지게차가 간신히 지나갈 정도의 통로밖에 없었는데, 도요타식으로 정리정돈을 마치자 대형 버스가 들어올 수 있을 만큼의 넓은 공간이 생겼다.

Simple is the power

일본의 한 물리학자가 아인슈타인의 연구실을 방문하고서 어려운 책들로 가득할 거라는 기대와는 달리, 수학과 물리학 책 몇 권만 있다는 사실에 놀랐다고 한다. 머릿속이 수세미처럼 얽혀 있으면 행동이 일어나지 않는다. '단순함이 곧 힘Simple is the power'인 것이다. 몸과 마음을 단순화시키는 것이 정리정돈이다.

일본의 정리정돈 컨설턴트 슷키리 라보 회장은 이렇게 말한다.

"정리정돈은 꿈을 이루어가는 무대를 만들어가는 과정이다. 꿈을 찾아내지 못한 사람은 정리정돈을 통해 자신이 하고 싶은 일, 소중한 일을 찾아갈 수 있다."

이런 확신을 기반으로 정리정돈을 해야 하는 이유를 설명하고 있다. 정리정돈의 진정한 목적은 아름답게 정리하는 게 아니라, 필요한 서류를 즉시 찾는다는 것이다. 미학적으로 완벽히 정리하는 게 목적이 아니다. 책상 위에 온갖 서류를 쌓아 놓고 있는 직원들 중에 일을 잘하는 사람은 별로 없다.

하루는 1,440분이다. 하루의 1%인 15분만 정리정돈하면 해야 할 일이 단순하게 보인다. 15분만 일찍 출근해서 그날 해야 할 일을 정리하면 하루가 편안하다.

머릿속의 공간도 정리가 가능하다. 머릿속 정리정돈 훈련이 안 된 사람들에게는 늘 잡생각이 많다. 머릿속에 온갖 생각이 뒤엉켜 있으면 되는 일이 없다. 생각이 심플해야 일을 제대로 할 수 있고, 일에도 힘이 실린다.

정리정돈은 주위의 사물을 정리하는 것이기도 하지만 마음을 정리하는 의미도 있다. 사물을 정리하면서 마음을 단순하게 다듬는다는 이야기다. 아이들처럼 단순해지지 않으면 행동이 일어나지 않는다.

당장 실천할 수 있는 정리정돈 습관들

① 서류다.

《성공하는 CEO들의 일하는 습관》을 쓴 스테파니 윈스턴은 성공한 CEO들의 공통점으로 '깔끔한 책상'을 든다. 직원들은 온갖 복잡한 서류를 만지지만, CEO들은 큰 줄기를 본다. 그래서 유명 정치인이나 CEO들 중에는 정리의 달인들이 많다.

정치인 중에 정리의 달인은 아이젠하워였다. 그는 책상 위의 서류를 Ⓐ, Ⓑ, Ⓒ, Ⓓ 4구역으로 나눠 분리했다.

Ⓐ 폐기할 서류

Ⓑ 다른 사람에게 위임할 서류

Ⓒ 당장 처리할 서류

Ⓓ 장기 기획서, 통장, 영수증 등 오래 관리할 서류

② 컴퓨터 파일이다.

컴퓨터 파일은 글리슨의 파일 분류법을 활용한다. 찾기 쉽고 알아보기 쉽게 파일명을 정해두고, 아이콘으로 정렬하고, 컴퓨터 검색기능을 활용하면 정보를 쉽게 찾을 수 있다. 신뢰할 수 있는 사이트를 체크해두고 즐겨찾기를 활용한다. 메일은 확인 후 바로 처리하고, 메일 회신도 폴더로 관리하여 체크한다.

③ 집안 정리다.

전문가들에 의하면 집안을 깔끔하게 정리하지 않으면 생각이 복잡해진다고 한다. 우리나라에는 아직 초기지만 일본에는 정리 산업이 번성 중이다. 전문가들은 당장 냉장고를 열어보라고 말한다. 오래된 식품들이 가득하다. 정리만 잘해도 냉장고 공간을 2배로 활용할 수 있다.

냉장고 정리는 제로 베이스Zero base에서 출발해야 한다. 냉장고의 모든 물건을 다 꺼낸다. 지저분해 보이는 부분만 대충 손대면 더 복잡해진다. 모든 음식물을 다 꺼낸 다음에 정리하는 것이다. 먹지 않는 음식, 오래된 음식은 과감하게 버린다. '언젠가는 쓸모가 있겠지'라고 생각하다가는 영원히 정리하지 못한다.

가장 먼저 사용 빈도에 따라 지정석을 만들어야 한다. 지정석을 만들면 재료를 찾느라 냉장고를 여는 시간이 줄고 냉기 보존도 수월해진다. 무엇보다 냉장실의 경우에 70% 이상 가득 차게 되면, 냉기가 순환되지 않아서 내부 온도가 올라가게 된다. 당연히 전기 소모량이 늘어난다.

정리에도 8 대 2 법칙이라는 게 있다. 자신의 물건 중에 거의 사용하지 않는 물건이 80%라는 것이다. 사용하지 않는 물건은 미련 없이 버려야 한다.

옷장도 제로 베이스에서 출발해야 하는 점은 냉장고와 마찬가지다. 입지 않는 옷부터 버려야 한다. 최근 2~3년 동안 한 번도 입지 않은 옷은 앞으로도 입을 가능성이 없다. 이것부터 버려야 한다.

옷장도 사용 빈도에 따라 지정석을 만들어야 한다. 비교적 자주 입는 옷은 오른쪽, 잘 입지 않는 옷은 왼쪽, 가장 자주 입는 옷은 가운데에 거는 것이 좋다. 또한 옷을 길이별로 걸으면 짧은 쪽 옷들 아래로는 충분한 여유가 있으므로 그만큼 자투리 공간이 확보된다.

STRATEGY

15

생애 설계

하버드 대학의 첫 수업, 시간관리

하버드 대학은 세계 최고의 명문 대학이다. 2018년 미국 대학 순위에서 7년 연속 1위로 뽑히며, 그 명성을 증명했다. 또한 케네디를 비롯하여 8명의 대통령, 157명의 노벨상 수상자를 배출했다. 마이크로소프트의 빌 게이츠, 페이스북의 마크 저커버그도 하버드를 거쳤지만 중퇴했다. 빨리 세상으로 나가고 싶었기 때문이다.

초등학교 2년을 다닌 후 학교를 그만뒀지만, 하버드 대학 명예박사 학위를 받은 벤저민 프랭클린은 말한다.

"똑같은 출발선상에서 시작했는데도 시간이 지나면 어떤 사람은 성공하고, 어떤 사람은 여전히 뒤처져 있다. 시간이 지날수록 두 사람의 거리가 좁혀지지 않는 것은 하루하루 주어진 시간을 어떻게 사용했느냐에 달렸다."

세상 모든 일은 시간의 함수다.

목표가 뚜렷한 사람은

자연스럽게 시간을 아껴 쓰게 된다.

하버드 대학교 신입생들과 MBA 수업에서

가장 먼저 시간관리를 가르치는 이유다.

생애의 목표를 설정하고, 이를 몇 단계 계획으로 수립하여, 어떻게 관리할 것인가를 가르친다.

대학을 다니는 동안 뚜렷한 목표를 설정했던 사람과 그렇지 않은 사람을 추적해봤더니, 25년이 지나는 시점에서부터 확연히 차이가 났다. 여기서 나온 경구가 "신은 시간을 아끼는 사람을 가장 앞세운다."라는 것이다.

목표	데드라인
목표 A :	00년 0월까지
목표 B :	00년 0월까지
목표 C :	00년 0월까지

인생 목표는 장기적일 수밖에 없다. 아무리 정교한 계획도 장기적으로 100% 맞을 수는 없다. 목표를 분명히 했으면, 몇 단계의 중간 목표로 나눠 각각의 단계마다 데드라인을 설정해야 한다.

완벽주의에 대한 경고

다음으로 가르치는 것은 완벽주의에 대한 경고다. 하버드 대학에서는 지나치게 완벽을 추구하지 말라고 가르친다. 머리 좋은 하버드 학생들에게 세상을 너무 논리적으로, 깐깐하게 살지 말라는 의미로 받아들여진다. 미래라는 변수가 있는 한 아무리 완벽한 계획을 수립해도 어긋나게 마련이다. 큰 밑그림이 그려지면 행동으로 옮기고, 시행착오를 겪으면서 앞으로 나아가라고 가르친다.

세상에 완벽한 것은 없고, 인간이 가진 한계 때문에 모든 일에 완벽을 추구할 수도 없으며, 또 지나치게 완벽을 추구하다 보면 타이밍을 놓치거나 오히려 일을 망친다. 일을 대충대충 하라는 게 아니다. 최선을 다하되 완벽하지 않은 결과도 흔쾌히 받아들여야 하며, 안 되는 일은 쿨하게 포기하는 것도 배워야 한다. 완벽이라는 것은 머릿속에서만 존재하는 허구라는 의미다.

하버드 대학에서 시험을 앞두고 한 교수가 학생들에게 두꺼운 교재를 나눠줬다. 분량이 너무 많아서 도저히 다 읽을 수 없는 분량이었다. 시험이 끝나고 나서 학생들이 투덜거리자, 교수가 말했다.

"그 정도 분량의 교재를 다 읽은 사람은 아무도 없을 겁니다. 매사 너무 완벽을 기하려고 하지 마세요. 원하지 않은 결과도 흔쾌히 받아들이는 연습이 필요합니다."

어차피 100% 완벽한 계획은 있을 수 없다. 매사 완벽을 추구하다 보면 강박관념에 시달린다. 큰 줄기에서 벗어나지만 않으면 현실을 그대로 받아들이라는 이야기로 들린다.

일이 풀리지 않으면 쉬어 가거나 내려놓을 줄도 알아야 한다. 휴식과 여행으로 강박관념에서 벗어나라. 일을 할 때는 즐겁게 하라. 즐기고, 느끼고, 체험한다는 자세로 임하는 것이 좋다. 때로는 흐름에 맡겨라. 아무리 치밀하게 계획을 짜도 뜻대로 되지 않을 때가 더 많다. 예상치 못한 '돌발 변수'가 등장하는가 하면, '우연'이라는 변수가 장난을 치기 때문이다.

그래서 하버드 대학에서는 신입생들에게 지나치게 완벽을 추구하지 말라고, 완벽주의에 대한 경고를 하는 것이다.

있는 그대로 받아들여라

인도가 영국의 식민지였을 때의 일이다. 마땅한 놀이시설이 없었던 영국인들이 인도의 풍광 좋은 산자락에 골프장을 건설하여 골프를 즐기고 있었다. 이때 예상하지 못한 방해꾼이 나타났다. 원숭이들이었다. 원숭이들은 골퍼들이 쳐올린 공을 재빨리 주워서 엉뚱한 곳으로 던지곤 했다. 당연히 경기는 엉망이 되고 말았다. 몇 가지 조치를 취했지만 원숭이들의 장난은 멈추지 않았다.

하는 수 없었던 영국인들은 새로운 골프 규칙을 만들었다. 그 새로운 규칙이란 '원숭이가 저지른 행동은 경기의 일부로 간주한다'는 것이었다. 원숭이의 장난을 바람이나 눈비처럼 자연적인 현상으로 받아들였다.

그러자 경기는 이변이 속출하면서, 훨씬 더 재미있어졌다. 홀컵 주위에 떨어진 공을 원숭이들이 주워서 먼 곳으로 던져 버리는가 하면, 물에 빠뜨리기도 했다. 때로는 멀리 떨어진 공을 주워 홀컵 바로 앞에 놓아줬다. 누구에게는 불운이었고, 누구에게는 엄청난 행운이었다. 어차피 의외의 변수가 개입하는 인생살이도 불평하지 말고, 있는 그대로 받아들여 그대로를 즐기자는 교훈일 것이다.

지나치게 완벽을 추구하는 조각가가 있었다. 그는 자신의 작품이 사람인지 조각인지 모를 정도로 완벽해야 직성이 풀리는 조각가였다. 자신의 죽음이 가까워지자, 그는 저승사자의 눈을 속일 방안을 궁리하다가 자신을 꼭 닮은 조각 11개를 만들고 자신은 그 사이에 숨어 있었다.

저승사자는 그를 찾을 수 없었다. 도저히 찾을 수가 없다고 보고하자 하나님이 그를 찾아낼 방법을 귀뜸해줬다. 그 묘수를 가지고 다시 조각가의 집을 찾은 저승사자는 작품을 둘러보다가 이렇게 말했다.

"흠, 여기에 흠집이 하나 있군!"

깜짝 놀란 조각가는 저승사자에게 물었다.

"대체 어디에 흠이 있다는 거요?"

"당신의 질문이 바로 흠집입니다!"

법구경에는 이런 구절이 나온다.

"건강은 최상의 이익, 만족은 최상의 재산, 신뢰는 최상의 인연이다. 그러나 마음의 평안보다 행복한 것은 없다."

융통성과 미루는 습관

그다음은 융통성에 대한 수업이다. 어느 날 수업 시간에 교수가 칠판에 9개의 점을 찍었다. 교수가 말했다.

"이 9개의 점을 4개의 선으로 연결해보세요. 그다음 3개의 선으로 연결해보세요."

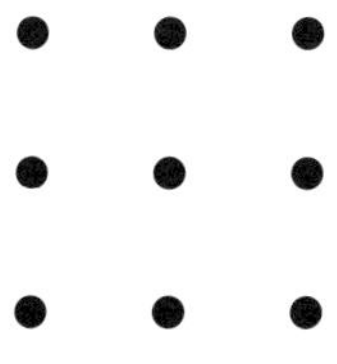

대부분 사람들이 점 안에서만 문제를 풀려고만 한다. 하지만 이 문제는 점 안에서는 해결되지 않는다. 점 밖에서 문제를 풀어야 한다.

교수가 말했다.

"중요한 건 9개의 점이 만들어낸 네모 단 안에서는 답을 찾을 수 없다는 것입니다. 세상일들은 주어진 한계 내에서는 답을 찾을 수 없는 경우가 대부분이지요."

세상이 나에게 부과한 조건에 너무 연연하지 말고 그 너머를 볼 줄 아는 안목을 기르라는 의미다. 때로는 한계를 벗어나는 생각을 해야만 풀리는 문제도 많다.

답은 아래와 같다.

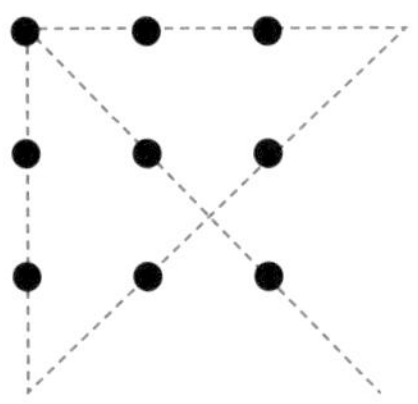

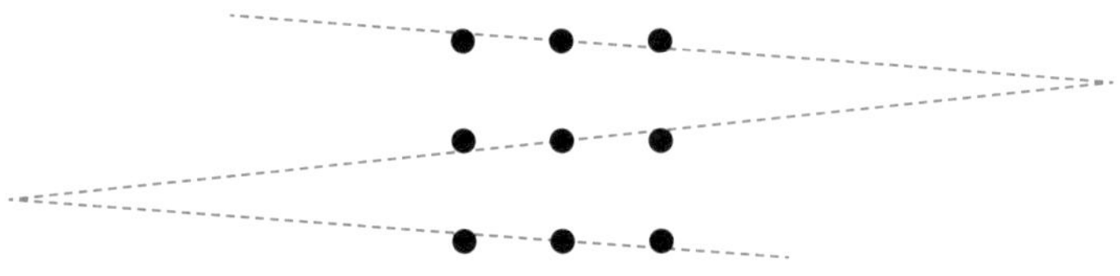

시간관리에서 가장 큰 문제는 차일피일 미루는 습관이다. 하버드 대학 시간관리 연구원들은 자신에게 미루는 습관이 있다는 걸 알았다면, 즉시 그 습관을 고칠 방법을 찾으라고 제안한다. 미루는 습관은 열등감을 부여해서 당신을 좌절, 피곤, 싫증 속에서 살아가게 한다. 이런 삶을 원하는 사람은 아무도 없다. 일을 미루거나 게으른 태도는 삶을 우울하게 만든다.

세상에 완벽한 것은 없다. 인간도 인간의 계획도 완벽하지 못하다. 불과 며칠 후의 기상도 정확히 맞출 수 없는 게 인간의 한계가 아닌가. 모든 것이 완벽하게 준비될 때까지 기다리지 마라.

하버드 대학을 중퇴하고 마이크로 소프트를 창업한 빌 게이츠는 이렇게 말한다.

“모든 것은 완벽할 수 없다. 미래에도 반드시 어려움이 있겠지만, 신념을 갖고 부닥치면 반드시 해결될 것이다.”

16

계획

계획이 실패했다면, 실패를 계획한 것이다

우선시되는 일은 인생이나 경력에 있어서 중요한 의미를 가지는 소수의 일을 말한다. 우선하는 일들은 인생에 폭넓게 분포해 있는데, 잘못 선택해서 위험 부담이 큰 행위에 우선권을 주기도 한다.

오늘날의 사회에서는 우선하는 일을 줄이는 것이 현명하다. 우선하는 일이 지나치게 많으면, 각각의 일이 중요하게 느껴지지 않게 된다. 우선하는 일이 너무 많다는 것은 자기모순이다. 단 몇 가지 일만 우선시될 수 있으며, 목표가 우선순위를 뒷받침한다.

우선하는 일이 단 하나라고 해도 목표는 그 이상이 될 수 있다. 예를 들면 건강이 인생의 최우선 과제라면 매일 종합 비타민을 먹고,

일주일에 세 번 운동을 하고, 매년 건강검진을 받는 것이 목표가 될 수 있다.

목표가 명확한 행동주의자가 되라

목표는 완수하기로 작정한 일과 그 시기에 대한 구체적인 진술이다. 하지만 목표가 신중하게 선택한 우선적인 일을 뒷받침해주지 않으면, 목표의 설정과 달성은 희망대로 이루어지지 않는다. 대부분의 성공한 사람들은 책임감이 강하고, 자신감이 넘치며, 무엇보다 우선 과제와 목표를 명확하게 설정한 행동주의자들이다.

"꿈을 날짜와 함께 기록하면 목표가 되고, 목표를 잘게 나누면 계획이 된다. 그 계획을 실천하면 꿈이 이루어지는 것이다."

유명 광고회사 워크스마트 설립자인 그레그 S. 레잇이 한 말이다. 이 말대로라면 세상살이가 얼마나 쉬울까?

목표와 꿈을 다이어리에 기록하고, 이를 행동으로 옮기면 꿈이 이루어진다니 말이다.

그는 또 이렇게 말한다.

"계획이 실패했다면 실패를 계획한 것이다."

그러나 실패를 계획하는 사람이 어디 있겠는가. 실패를 계획하지는 않았지만 현실성이 없는 허황된 계획이었거나, 계획은 그럴싸하게 짰지만 실천하지 않았거나, 열심히 노력했지만 외부 요인들로부터 역풍을 맞은 경우 등일 것이다.

외부 요인이 작용하거나 장기적인 프로젝트는 계획과 노력만으로는 성공이 보장되지 않는다. 코닥이나 노키아는 기업 환경이 빠르게 디지털로 변하고 있는데도 아날로그에 미련을 버리지 못하다가, 기업의 간판마저 내리고 말았다. 이런 것이 외부 요인이다.

앞만 보고 달릴 게 아니라, 때로는 멈춰 서서 주위를 살피면서 아니다 싶으면 궤도를 수정할 줄도 알아야 한다.

실패를 우습게 보지 마라

우리는 실패한 사람을 무언가 문제 있는 사람으로 보려는 경향이 있다. 그러나 실패를 우습게 보지 마라.

"한 번도 실패하지 않았다는 것은 한 번도 새로운 세계에 도전하지 않은 것과 같다."

아인슈타인의 말이다. 한 번도 미지의 세계에 도전해보지 않은 사람은 회사나 조직에서 상사가 시키는 일을 효율적으로 잘할지는 모르지만, 스스로 독창적인 무언가를 이루는 것과는 거리가 멀다. 이런 사람은 평생 노예로 살아야 한다. 상사의 노예이거나 시간의 노예로 말이다.

아마존의 설립자 제프 베조스는 이렇게 말한다.

"독창적인 사람이 되고 싶다면, 실패를 먼저 겪어 봐야 한다."

실패의 법칙에 〈147 : 805 법칙〉이라는 게 있다. 에디슨이 전구를 만들 때 147번의 실패를 했고 라이트 형제는 805번의 실패를 했다는 이야기다. 실패를 딛고 일어나야 실패로부터의 교훈을 얻을 수 있다. 그러나 실패한 사람의 95%는 진짜 실패한 게 아니라, 한 번의 실패에 주저앉은 사람들이다.

세계적인 베스트셀러 《해리포터》의 작가 조앤 롤링은 하버드 대학 졸업식 강연에서 이렇게 말했다.

"여러분이 하버드 졸업생이라는 사실은
곧 실패에 익숙하지 않다는 뜻이기도 합니다.
하지만 성공에 대한 열망만큼이나
실패에 대한 공포가
당신의 삶을 좌우할 것입니다.
인생에서 몇 번의 실패는 피할 수 없습니다.
실패 없이는 진정한 자신도,
진짜 친구도 결코 알 수 없습니다.
이것을 아는 것이 진정한 재능이고,
그 어떤 자격증보다 가치 있습니다."

실패를 먼저 맛보라고 쉽게 말하지만, 지금 실패를 경험하고 있는 분들에게는 무척 죄송한 일이다. 실패를 하고 나면 당장 수많은 문제들이 닥치게 된다. 먹고 사는 문제, 가정불화, 자책감, 죄책감, 두려움, 우울증, 자살 충동 등의 문제가 고개를 든다. 이런 시련을 겪으면서 나만의 철학을 터득하게 된다.

에이브러햄 링컨만큼 실패를 많이 겪은 사람도 별로 없을 것이다. 그는 초등학교를 9개월밖에 다니지 못했다. 잡화점을 경영하다 실패하여 파산하고, 17년 동안 그 빚을 갚았다. 주 의회의원 선거에서 낙선했고, 상원의원 선거에서 낙선했으며, 부통령 선거에서도 낙선했다. 그러나 마침내 미합중국의 대통령이 되었다.

그는 사람들에게 이렇게 말했다.

"시도하지 않으면 기회도 없다."

월트 디즈니에게도 시련의 시기가 있었다. 그는 캔자스시티 스타 신문에서 해고된 적이 있었다. 이 잡지의 편집장은 디즈니에게 "상상력이 부족하고 쓸 만한 아이디어가 없다."라고 지적했다. 궁지에 몰린 디즈니는 남의 집 차고에서 잠을 해결했다. 그러다가 차고를 드나드는 생쥐를 보고 벌떡 일어났다.

"그래, 저거야!"

미키 마우스는 그렇게 탄생했다.

유럽에서 도시락을 파는 여자로 유명한 켈리 최 회장의 이야기로 마무리하자. 켈리 최는 시골에서 태어나 패션 사업의 꿈을 안고 무일

픈으로 상경하여 서울과 일본에서 공부를 했다. 물론 독학이었다. 그 후 파리로 진출하여 패션업에 입문했지만 기라성 같은 경쟁자들을 보고는 패션업을 포기했다. 그들 사이에서 1등을 할 자신이 없었기 때문이다. 그리고 전시업을 해보자는 친구의 제안으로 전시업에 뛰어들었다가 10억의 빚을 지고 문을 닫아야 했다.

그녀는 실패의 이유를 다음과 같이 적고 있다.

- 정에 이끌린 인사
- 융통성 없는 태도
- 권위적인 태도와 말투

켈리 최는 새로운 사업을 찾고 있었다. 그 조건은 3가지였다.

① 경기를 타지 않을 것

② 자본이 많이 들어가지 않을 것

③ 내가 잘할 수 있고 재미있게 할 수 있는 일

여기서 찾은 것이 대형 마트에 입점하는 즉석 도시락 가게였다. 유명 초밥 장인부터 경영자들을 만나 도움을 요청하기 위해 신발이 닳도록 쏘다녔다. 그리고 창업 7년 만에 유럽 전역 700개 매장에서 5천억 원의 매출을 올리는 CEO가 되었다.

켈리 최 회장은 독립을 꿈꾸는 직원들을 위해 안전하게 실패할 수 있도록 가르치고 있다.

- 자주 실패하라(Fail ofen)
- 빨리 실패하라(Fail quick)
- 돈을 적게 들이고 실패하라(Fail cheap)

실패해도 후회는 하지 마라

하버드 대학에서는 '실패해도 후회는 하지 마라'고 가르친다. 최선을 다했지만 실패했다면 그것은 후회 없는 실패다. 즉 후회하지 않을 정도로 최선을 다하라는 의미다.

우리는 실패를 통해 많은 것을 배울 수 있다. 그래서 한 번 실패한 사람이 더욱 힘차게 일어설 수 있는 것이다. 그러나 대부분의 사람들은 시도했다가 실패한 것보다는 한 번도 제대로 도전해보지 못하고 후회만 하는 사람들이 많다. 이거야말로 진짜 실패한 사람들이다.

칼럼니스트 앨래나 프랜시스는 〈실패에서 배울 수 있는 5가지 교훈〉이라는 제목의 기고 글을 통해 실패는 반드시 부정적인 것이 아니며, 실패가 우리에게 주는 유익한 점이 있다고 강조했다.

① 모든 것을 혼자 할 수 없다는 것을 깨닫게 한다.

② 무엇이 잘못되었는지 알게 한다.

③ 성공이 전부가 아니라는 것을 깨닫게 한다.

④ 결과보다 과정이 중요한 것을 배운다.

⑤ 실패가 결코 당신을 실패자로 만들지 못한다는 것을 알게 한다.

옛날 한 청년이 스승을 찾아가 지혜를 구했다.

"저는 꼭 성공하고 싶은데, 어떻게 하면 성공할 수 있을까요?"

그러자 스승이 미소를 지으며 대답했다.

"세상에는 세 가지 실패가 있다네. 성공하기 위해서는 실패를 알아야 해. 성공은 실패의 변형일 뿐이거든."

"그럼 세 가지 실패는 무엇인가요?"

"첫 번째 실패는 하기 싫은 일에서 성공하는 것이야. 성공의 대가는 얻겠지만, 삶의 의미나 즐거움을 얻기는 어렵지. 두 번째는 하고 싶은 일에서 실패하는 것이야. 그러나 이때의 실패는 성공으로 가는 실험일 뿐이지. 마지막 세 번째 실패는 아무것도 하지 않는 것이야. 당연히 실패도 성공도 없지. 그러나 인생을 낭비한 책임을 져야 해. 가장 치명적인 실패지."

17

희망사항

희망사항의 나열은 계획이 아니다

새해가 되면 대부분의 사람들은 무언가 계획을 세운다. 한 취업 포털사이트에서 직장인들을 대상으로 새해 계획에 대한 설문 조사를 했다.

대다수 직장인들은 자기계발과 외국어 공부를 계획하고 있다고 응답했다. 금연과 다이어트도 빠지지 않는다. 이를 달성하기 위해 가장 중요한 요소로는 '본인의 의지와 노력' 그리고 '시간적 여유'를 들었다. 그러나 대부분 실패하고 만다.

평범한 직장인의 한 해 성적표를 보자. 독자 여러분도 자신이 세웠던 계획이 얼마나 성취되었는지 스스로 체크해보자. 성공한 계획은

'O', 실패는 'X', 반쯤 성공에는 '△'를 표기해보는 것이다.

회사원 머털 씨의 성적표는 다음과 같다.

목표	평점
토익 900점	△
중급 영어회화 마스터	X
오지여행	O
고전 10권 읽기	△
금연	X
다이어트	X
"NO!"라고 말하기	X
매주 자녀와 놀기	O
침묵 수행	X

토익 900점 목표는 750점을 달성했으니 반쯤은 성공한 것이다. 그래서 △다. 오지여행은 여름휴가 동안 강원도 오지를 다녀와서 'O'지만, 나머지는 모두 △ 아니면 X다. 금연 결심은 작심삼일로 끝났고, 중급 영어회화는 학원에 등록해놓고는 일주일 나가고 그만뒀다. 고전 읽기는 2권째 시작하다 말았고, 체중은 오히려 더 늘었다.

가장 뼈아픈 후회는 "NO!"라고 말하지 못한 것이다. 선배의 부탁에 'NO'라고 말하지 못해 지금도 고생하고 있다. 마음고생, 돈고생에다 시간 낭비까지 겹쳐 지난 1년 동안 가장 잘못한 사례가 되었다. 매주 자녀와 놀아주기는 거의 성공한 셈이다. 침묵수행은 어느 스님의 강의를 듣고 계획에 넣었으나 지금 보니 부끄럽다. 늘 너무나 많은 말을 하고 다녔고, 그러다 보니 진정성이 없는 말을 너무 많이 했다. 자신이 밉다.

아마도 대부분 사람들의 성적은 위와 비슷할 것이다. 이처럼 계획이 누더기가 되는 이유는 다음과 같다.

- 희망사항의 나열
- 절실함의 부족
- 구체성의 부족
- 실천을 담보할 방안 결핍

새해 계획표에 가장 많이 등장하는 단골 메뉴가 금연과 다이어트다. 이는 개인의 노력으로 어느 정도 가능한 분야다. 그러나 대부분 실패하고 이듬해 계획에 다시 등장한다.

실패하는 이유는 다양하겠지만 진정성이 없는 희망사항의 나열이 아니었을까 싶다. 진정성이 없으면 우선 자기 자신부터 설득하지 못하기 때문이다. 자신을 설득하지 못하면서 어떻게 행동으로 옮겨질 수 있단 말인가.

흔히 금연에 성공한 사람들은 지독하다고 말한다. 담배를 끊는 사람과는 친구도 하지 말라는 말이 있을 정도다. 그만큼 어렵다는 의미다. 다이어트도 마찬가지다. 다이어트를 하려면 운동과 음식 조절이 필수다. 그러나 운동을 하고 나면 더욱 식욕이 살아나는데 어쩌란 말인가.

전문가들은 독한 마음만 가지고는 금연이나 다이어트에 성공하기 어렵다고 말한다. 오히려 느긋하게 접근하는 게 성공 확률이 훨씬 높다. 세상일 너무 어렵게 생각하면 아무것도 못한다. 쉽게 생각하고 일단 부딪쳐보는 것이다.

아리스토텔레스의 현실적인 실천

고대 그리스 철학자 아리스토텔레스는 현실적인 실천의 소중함을 가르쳐준 철학자였다. 스승 플라톤이 이상주의자였다면 아리스토텔레스는 현실주의자였다. 르네상스의 화가 라파엘로의 그림 〈아테네 학당〉에서 보면 플라톤은 하늘을 가리키고 있고, 아리스토텔레스는 땅을 가리키고 있다. 보다 현실적인 철학자라는 의미다.

아리스토텔레스는 이렇게 말한다.

“실천이 곧 계획이다.”

현실에 집착하는 그의 모습이 보이는 듯하다. 모든 계획은 현실에 기반해야 하고, 여건이 변하면 융통성 있게 적응할 수 있어야 한다.

모든 계획은 진정성이 있어야 하고, 구체적이어야 한다. 아리스토텔레스는 자신을 포함하여 다른 사람을 설득할 때는 3가지를 갖춰야 한다고 말한다.

① 로고스(Logos)

② 파토스(Pathos)

③ 에토스(Ethos)

로고스는 논리, 파토스는 감성, 에토스는 신뢰를 의미한다. 즉 설득은 논리와 감성과 진정성이 있어야 한다. 진정성은 'Authenticity'로 아리스토텔레스가 말하는 에토스와 거의 같은 개념이다.

조지프 파인은 《진정성의 힘》에서 "진정성이라는 단어는 21세기의 전문용어가 될 것이다."라고 말한다. 진정성이 없으면 자기 자신도 설득할 수가 없다. 자신도 믿지 못하는 계획을 가지고, 어떻게 남을 설득한단 말인가.

진정성은 내면의 자아에 따라 행동하는 것을 의미한다. 그리고 그것은 일관성이 있어야 한다. 같은 사안에 대해 어제의 말과 오늘의 말이 다르면 진정성이 없는 것이다. 진정성이 있는 사람은 말 대신 행동으로 보여준다. 진정성은 다른 사람에게는 일관성이 있어야 하고, 자기 자신에게도 진실해야 한다.

진정성은 때로 절실함의 다른 표현이기도 하다. 그렇게도 담배를 끊지 못하던 주위 사람 하나는 심근경색으로 쓰러진 다음에야, 언제 그랬느냐는 듯이 담배를 끊은 것은 물론이고 이제는 금연 전도사가 되었다. 바로 절실함의 문제다. 진정성이 없는 계획은 세우지 않는 것이 좋다. "역시 난 안 돼!" 하는 패배의식만 키우기 때문이다.

계획의 구체성, 실천 방안이 담보되어야 한다

계획을 나열한다고 이루어지는 게 아니다. 계획은 자신의 노력으로 이룰 수 있는 범위로 한정해야 한다. 현실적으로 가능성이 있을 때만 계획에 넣어야 한다. 희망사항의 나열은 힘만 빠지게 만든다.

예를 들어 유명 작가가 되고 싶다면 이렇게 계획을 세워야 한다. 중요한 고전 100권을 독파하고, 원고지 1만 장의 습작을 하겠다는 계획으로 이어져야 한다. 원고지 1만 장을 습작했다면 이미 작가인 것이다.

계획은 실천 방안이 담보되어야 한다. 예일 대학에서 재미있는 실험을 했다. 학생들에게 "인생의 목표가 있느냐?"고 물었더니 15%가 "있다."라고 대답했다. 다시 그 학생들에게 "구체적으로 목표가 무엇이냐?"고 물었을 때 단 3%만이 자신의 구체적인 목표를 적어 냈다.

그리고 22년이 지났을 때 응답자들을 추적해보니 구체적인 목표를 가지고 있다던 3% 학생들의 성과가 나머지 97% 학생들의 성과를 합친 것보다 더 컸다. 구체적인 목표를 설정하라. 그리고 그것을 실천할 수 있는 방안을 마련하라. 실천 방안이 없는 계획은 세우나 마나다.

인생에 있어서 꿈도 마찬가지다. "나는 이런 꿈을 가지고 있어."라고 말하는 사람보다 "나는 꿈을 이루기 위해 이런저런 것들을 준비하고 있어."라고 구체적으로 말하는 사람을 우리는 더 신뢰한다. 계획은 구체적이어야 하고 실천 방안이 담보되어야 한다는 것은 인생, 꿈, 기획 등 모든 일에 공통된 정석이다.

북미에 사는 호피족 인디언들이 올리는

기우제는 100% 성공한다.

왜?

비가 올 때까지 기우제를 올리니까.

최후의 승자는 똑똑한 사람이 아니라,

끈질긴 사람이다.

해야 할 일 VS 하고 싶은 일

"우리가 좌절하는 이유는 할 수 없는 엄청난 일을 만났기 때문이 아니라, 오늘 할 수 있는 작은 일을 하지 않았기 때문이다."

이영표 선수가 쓴 책, 《생각이 내가 된다》에 나온 말이다. 이영표 선수는 자신이 하고 싶은 일과 해야 할 일 중에, 늘 해야 할 일을 먼저 했다고 한다.

하지만 각자에게는 우선순위가 있어서, 가장 먼저 해야 할 일과 하고 싶은 일이 다르다. 보통은 해야 할 일과 하고 싶은 일이 상충될 때가 많다. 하고 싶은 일만 하면서 살기에는 치러야 할 대가가 너무 많기 때문이다. 무엇보다 해야 할 일만 하고 살기에는 인생이 너무 지루하다.

하고 싶은 일 한 가지를 하기 위해서는 해야 할 일 아홉 가지가 생기는 것이 인생이다. 하지만 해야 할 일을 해내고 난 후에, 하고 싶은 일을 했을 때의 행복은 배가 된다.

해야 할 일과 하고 싶은 일 모두, 계획을 잘 세워야 한다. 해야 할 일과 하고 싶은 일을 생각나는 대로 종이에 적는 것은 계획이 아니다. 그 일이 왜 해야 하는지, 왜 하고 싶은지, 언제까지 해야 하는지, 어떻게 해야 하는지, 무엇을 해야 하는지 스스로 명확하게 알아야 실행할 수 있다.

대충 세운 계획은 어려운 일이 닥치면 수정해야 하고, 예상하지 못한 일이 생기면 또 수정해야 한다. 계획을 수정하느라 지쳐서 정작 할 일은 실행하지 못하고 흐지부지된다. 계획에는 반드시 실천하겠다는 의지와 반박할 수 없는 논리가 들어 있어야 한다.

영국의 소설가 루드야드 키플링은 이렇게 말했다.

"나는 여섯 명의 충직한 하인을 거느리고 있다. 그들의 이름은 무엇, 왜, 언제, 어디서, 어떻게, 누가다.”

계획에 논리를 넣는 것은 어렵지 않다. 해야 할 일, 하고 싶은 일을 계획할 때 육하원칙에 대입하면 된다. 육하원칙은 5W1HWhat, Who, Where, When, Why, How다. 직장에서 업무를 분담할 때, 일을 하는 주체가 누구인지 분명하게 정한다. 계획과 실행의 주체가 자신일 경우에는 Who를 빼고 4W1H를 넣어서 계획을 세운다.

What은 하고 싶은 일, 해야 할 일이다.

실행해야 할 일이 명확해야 계획을 세울 수 있다. 어떤 일을 해야 하는지 제대로 알지 못하는 상태에서 이것저것 생각나는 대로 시작하면, 도통 그 일이 완성되지 않는다.

Why는 일을 하는 이유다.

누군가 시켜서 하거나 다른 사람이 하는 일이 좋아 보여서 따라 한다면 오랫동안 실행하기 어렵다. 왜 그 일을 해야 하는지, 완성했을 때 어떤 결과가 있는지, 만약 하지 않으면 어떤 일이 일어나는지 스스로에게 질문하고 대답하는 과정에서 분명하고 확고한 동기가 만들어진다.

When은 시작하고 완료하는 시점이다.

언제부터 시작해서 언제까지 완료하는지 명시하지 않으면 계획이 아니다. 계획을 실천하는 데 무리가 없도록 일정을 조정하는 것도 중요하다. 일을 추진하는 목적과 이유가 분명해도 시간을 명시하지 않으면 계획대로 실행할 수 없는 경우가 생긴다.

Where는 계획을 실천할 장소다.

발로 뛰며 일하는 세일즈맨은 거래처를 방문할 때 가장 효율적인 동선을 계획한다. 시간은 정해져 있고 여러 곳을 다녀야 하기 때문에 지역을 나눠서 방문 계획을 세운다. 장사를 할 때도 장소가 중요하다. 상품을 원하는 사람들이 많이 다니는 곳, 판매할 상품을 조달하기 쉬운 곳에서 팔아야 한다.

How는 목표를 달성하는 방법이다.

많은 사람들이 목표로 정하는 다이어트는 너무 막연해서 성공하는 사람이 매우 적다. 저녁 7시 이후에는 음식을 먹지 않기, 하루 1시간 운동하기처럼 방법을 구체적으로 정하고 실천하면 다이어트에 성공하는 사람이 훨씬 많아질 것이다.

계획을 세워서 일하는 사람은 일을 시작하는 날짜와 완료하는 날짜를 다이어리나 캘린더에 잘 보이게 적어둔다. 실행해야 하는 일들을 메모하고 기억한다.

일을 시작하는 날짜와 완료하는 날짜를 염두에 두고 누가, 무엇을, 언제, 어디서, 어떻게, 얼마나 할 것인지 파악하고 계획을 세우면 어떤 변수가 생겨도 꾸준히 실천할 수 있는 힘이 생긴다.

18

목표

큰 목표는 여러 개의 작은 목표로 나눠라

하버드 대학에서 학생들을 대상으로 실시한 설문 조사 결과를 보면 학생들의 27%는 목표가 없었고, 60%는 목표가 있지만 불분명했다. 나머지 10%는 분명한 목표가 있지만 단기적이었고, 3%의 학생들만이 장기적이고도 분명한 목표를 가지고 있었다.

3%라면 성공하는 사람들의 비율과 비슷하게 일치한다. 어느 분야든 상위 3%는 정상을 밟은 사람들이다.

목표가 불분명한 계획은 세우나 마나다. 추상적이거나 희망사항의 나열이어서는 안 된다. 막연히 부자가 되고 싶다는 것은 단순한 희망사항일 뿐 목표가 아니다.

목표를 정할 때

흔히 쓰이는 'SMART 법칙'이 있다.

Specific(명확한),

Measurable(측정할 수 있는),

Attainable(이룰 수 있는),

Result-Oriented(성과 지향적인),

Time-Bounded(시간이 한정된)의

첫 글자를 모은 것이다.

분명한 목표가 세워졌다고 해서 끝이 아니다. 목표에는 양뿐만 아니라 질의 개념도 포함되어 있기 때문이다. '얼마나 많이'도 중요하지만, '얼마나 잘하는가'도 중요하다.

장기적인 목표는 여러 개의 작은 목표로 나눠라

분명한 목표를 가지고 한 발 두 발 오르는 것이다. 장기적인 목표는 등산과도 같다. 최종 목표는 정상이지만, 이 목표를 향해 한꺼번에 뛰어오르는 사람은 없다. 장기적인 목표가 있으면 몇 단계로 나눠 한 발씩 오르는 것이다.

작은 목표를 달성하여 자신감을 얻은 후에, 다음 목표를 향해 나아가라는 것이다.

어느 강연회에서 한 초등학생이 정주영 회장에게 물었다.

"할아버지는 어떻게 그렇게 큰 부자가 되셨나요?"

그러자 정주영 회장이 학생에게 되물었다.

"산을 오른 적이 있나요?"

"네!"

"부자가 되는 이치는 산을 오르는 것과 같아요. 처음부터 정상을 향해서 달리면 힘이 들어서 다 오르지 못해요. 목표를 머릿속에 그리면서 앞만 보고 한 발 두 발 열심히 오르면, 어느덧 정상에 이를 수 있는 거예요."

인생은 에스컬레이터를 타고 오르는 쉬운 놀이가 아니라, 한 계단 한 계단 힘들여 밟아 오르는 계단과 같다. 한 계단 한 계단이 모두 힘들고 어렵다. 이것을 이겨낸 사람들이 성공하는 것이다. 성공한 사람들을 보면 에스컬레이터를 타고 정상에 오른 것처럼 쉬워 보이지만, 그런 성공은 없다.

다윈의 진화론이 나온 이후, 생물학자들은 종의 진화도 에스컬레이터를 타는 것처럼 일정한 속도로 진화하여 지금에 이른 것으로 생각했다.

그러나 고생물학자 제이 굴드와 엘드리지는 이런 가설을 뒤집었다. 종의 진화는 계단 오르기와 똑같다. 한 계단 오르고 나면 다시 난관이 가로막는다. 고생 끝에 이를 넘어서면 또 다시 다른 난관이 가로막는다. 모든 종은 오랜 정체기와 몇 번의 짧은 도약기를 거쳐 지금에 이르렀다.

단기적인 성과가 빠름이라면 장기적인 성과는 느림이다. 성공에는 이 빠름과 느림이 적절히 조화를 이뤄야 한다. 때로는 기다려야 하고, 때로는 달리기도 해야 한다.

찰스 디킨스의 소설 〈피크윅 페이퍼스〉에는 바람에 날리는 모자 이야기가 나온다.

모자가 바람에 날아갔을 경우 이를 잡기 위해서는 침착함이 아니라, 비상한 판단력이다. 바람으로 모자의 방향을 판단하고 살금살금 다가가서 재빨리 낚아채야 한다.

미국의 위대한 주식 투자가 제시 리버모어는 이렇게 말한다.

"모든 투자자가 저지르는 가장 큰 실수 중 하나가 너무 짧은 시간에 큰돈을 벌려는 충동을 느끼는 것이다."

구체적이고 현실적인 목표를 설정하라

농구 황제 마이클 조던이 타고난 신체조건이나 재능만으로 황제가 된 것은 아니다. 고교 시절 학교 대표를 뽑았을 때는 선수 명단에 오르지도 못했다.

조던 대신 선발된 선수는 조던과 함께 지내던 친구 리로이 스미스였다. 그가 조던보다 키가 크다는 이유에서였다. 당시 조던의 신장은 180cm, 스미스의 신장은 198cm였다. 결국 조던은 선수들의 짐을 나르는 심부름꾼 신세가 되어 버렸다.

농구 황제 조던은 힘들 때마다 선수 명단에서 제외되었던 그때를 생각했다. 그리고는 남들보다 몇 배로 노력해서 미국 최고의 선수가 되겠다고 결심했다. 이를 위해 조던은 목표를 정하고, 단계적으로 어느 정도의 노력을 해야 하는지를 정했다.

마이클 조던의 단계적 목표는 다음과 같았다.

- 1단계 – 고교 최고 선수가 된다 : 하루 300개의 슈팅 연습
- 2단계 – 미국 대학 최고 선수가 된다 : 하루 500개의 슈팅 연습
- 3단계 – 미국 최고 선수가 된다 : 하루 800개의 슈팅 연습

이렇게 연습하고도 시합이 있는 날이면 3시간 전에 코트에 나와 슈팅 연습을 했다.

어느 날 필라델피아 세븐티식서스 구단주 팻 크로스가 코트에서 조던의 슈팅 연습을 보고는 벌어진 입을 다물지 못했다. 조던은 눈을 감은 채로 슈팅을 하고 있었던 것이다. 경쟁 팀과 시합을 할 때도 눈을 감고 자유투를 던졌다. 이를 본 상대방 선수들은 그만 기가 질리고 말았다는 이야기다.

환경과 여건이 변하면, 과감하게 궤도 수정하라

사람 일은 혼자만의 노력으로 이룰 수 있는 것도 있다. 하지만 사회적인 일이나 기업 경영은 자신의 노력만으로 되지 않는 경우가 더 많다. 경쟁자가 있고 또 환경과 여건이 수시로 변하기 때문이다. 그래서 처음 계획서대로 큰일을 완성한 사람은 많지 않다. 되겠다 싶어서 도전했고, 곡절을 겪으면서 이룩한 것이다.

애플이 지금은 세계 최고의 IT 기업이지만 원래는 컴퓨터 제조회사로 출발했다. 지금 애플을 컴퓨터 기업으로 보는 사람은 거의 없을 것이다. 컴퓨터를 만들다가 델컴 등의 경쟁자들이 가격 싸움을 걸어오자, 컴퓨터를 포기하고 IT 기업으로 변신한 것이다.

이에 반해 사진과 필름의 대명사였던 코닥은 변화에 적응하지 못하고 간판마저 내리고 말았다. 디지털 기술을 가장 먼저 개발하고도 아날로그 필름에서 나오는 수익이 아까워 머뭇거린 것이다. 지금 코닥 본사 건물은 사진 박물관이 되어 학생들의 견학 장소로 사용되고 있다.

일에서도 마찬가지다. 일부 전문가들은 한 가지 활동을 다른 활동으로 대체하는 것을 못마땅하게 생각한다. 부담스러운 프로젝트 A를 진행하고 싶지 않아서 덜 부담스런 프로젝트 B를 착수한다면, 그것은 미루고 있는 행위에 대한 전폭적인 지지나 다름없다.

하지만 프로젝트 A를 미루더라도 프로젝트 B가 시기적절하게 다

뤄지게 된 것이라면, 프로젝트 B가 완성될 경우에는 사정이 한결 나아질 수 있다. 그후에 비교적 빨리 프로젝트 A를 시작하게 되면, 시간 이동을 성공적으로 적용하게 된 셈이다.

이후에 프로젝트 A보다 더 좋지 않은 프로젝트가 나타난다면, 프로젝트 A의 시작이 예전에 비해 쉬워지므로, 더 좋지 않은 임무로부터 또 한 번 이득을 얻는 것이다.

19

시간 낭비

시간 도둑을 잡아라

갑자기 차가 길가에 멈춰 다른 자동차의 배터리에 연결해 시동을 거는 경우가 있다. 갑자기 엔진이 되살아난다. 이때는 시동을 꺼서는 안 된다. 약 20분가량 이 상태를 유지해야만 한다. 배터리가 방전되어 길가에 멈춘 자동차처럼 일을 방해받아 멈춘다면, 다시 움직이기 시작하는 데 필요한 것이 점프 스타트다.

계획한 대로 일이 진행되지 않은 이유는 뭘까?

중간중간에 계속 방해를 받기 때문이다. 방해받는 순간은 아주 잠깐이지만, 그 잠깐이 하루 종일 쌓이면 시간은 금세 마이너스가 된다. 아주 짧은 순간 업무 방해를 받아도 다시 일에 집중하기까지 준비하는 시간이 필요하다.

이때 저하된 능률을 합산해보면 총 시간의 28%까지 상실된다. 절대적으로 중요한 업무를 처리하기 위해, 한 번에 45~60분간은 방해받지 않고 일할 수 있어야 한다.

예를 들면 대표적인 방해꾼이 이메일과 문자다. 이메일과 문자로 방해받지 않으려면 첫 번째로 일정한 시간을 정해놓고 확인하는 것이 가장 효과적이다. 이메일과 문자를 모았다가 한꺼번에 열어보면 좋다. 두 번째로 중요하고 급한 이메일과 문자는 즉각 답장하고, 일주일 혹은 한 달이라는 보관함을 따로 만들어, 그곳에 보관하면서 시간 순서로 처리하는 것이다.

현명한 시간관리란 복잡하고 어려운 것이 아니다. 시간 도둑을 잘 잡는 것이 시간관리의 핵심이다. 매일 우리가 사용하는 시간 중에서 이런 시간 도둑들을 잘 잡을 수 있다면, 귀한 시간을 소중한 일에 잘 사용할 수 있다. 특히 시간을 잡아먹는 '속임수의 영역'과 '낭비의 영역'을 잘 관리해야 한다.

급하다는 이유로
우리에게 중요한 일처럼
느껴지는 것들이
'속임수의 영역'이다.

갑자기 방문한 방문객, 방금 울리는 전화, 카톡 등 SNS 메신저, 급하게 잡히는 약속, 친구의 부탁 등 당장 대응하지 않으면 안 될 것 같은 일들이다. 하지만 이런 일들은 아주 소수의 경우를 제외하고는 중요하지 않은 일들이 대부분이다.

이유 없이
그저 시간을 보내는 경우가 많은데,
이런 것들이
'낭비의 영역'이다.

잡담하기, 수다성 전화, 낮잠 자기, 컴퓨터 게임, 스마트폰 만지작거리기, TV 시청, 불필요한 인터넷 서핑 및 쇼핑 등이다. 그저 무료함을 달래기 위한 행동들이 대부분이다.

소소한 시간 도둑들

한 심리학자가 재미있는 실험을 했다. 사람이 한평생 물건을 찾는데 낭비하는 시간을 측정해본 결과, 거의 1년이더라는 것이다. 어떤 방식으로 조사를 했는지는 알 수 없으나 일리가 있어 보인다. 또 다른 연구에 의하면 직장인들이 서류를 찾기 위해 낭비하는 시간이 1년에 150시간이나 된다고 한다. 하루 8시간 근무하는 것으로 계산할 경우, 거의 1년 중 20일을 서류 찾는 일에 매달린다는 이야기다.

우리가 초등학교 시절에 배운 것이 '제 물건은 제자리에'다. 이것만 지켜도 이런 시간 낭비를 막을 수 있다. 물건을 두는 장소를 정해두는 것이다. 열쇠는 신발장 위에, 스마트폰은 충전기에, 지갑은 책상 서랍에 두기 등이다.

일본의 심리학자 사이토 이사무는 시간을 훔치는 도둑들을 다음과 같이 열거하고 있다. 휴대전화에 자투리 시간을 모두 빼앗기고, 웹서핑 하느라 또 시간을 빼앗긴다. 퇴근길에 집에서 필요한 식료품을 산다는 게 며칠 째 잊어버리고 있다. 마감 시한이 임박하기까지 빈둥거리며 시간을 낭비하는 습관도 문제다. 오늘까지 보고서를 써야 하는데 어제, 그저께 이틀을 낭비하고서 이제야 끙끙대는 것이다.

아침에 잠을 깬 다음에도 이불 속에서 빈둥거리는 시간, 반대로 저녁에 잠 못 이루어 뒤척이는 시간도 있다. 이것이 습관화된 사람은 엄청난 시간을 낭비하는 것이다.

한심한 낭비도 있다. 요즘 건물이나 거리 웬만한 곳은 거의가 금연구역이다. 이 골목 저 골목 흡연구역을 찾아다니는 시간은 한심한 낭비다. 담배를 피지 않으면 간단할 것을 그리도 쓸데없이 낭비하는 것이다. 인터넷 게임에 중독되어 벗어나지 못하는 사람도 한심하기는 마찬가지다.

시간 도둑 잡기

직장인들은 하루 종일 바쁘지만 퇴근 무렵에는 해놓은 일이 별로 없다.

직장인들의 버려지는 시간을 보자. 상사의 부름에 허둥지둥 달려가는 시간, 하나 마나 한 회의, 서류 찾느라 보내는 시간, 관련 부서로부터 회신을 기다리는 시간, 사적인 일에 쏟는 시간, 잡담하는 시간, 출퇴근 시간 등 수없이 많다.

야근을 자주 하는 회사라면 처음부터 야근을 염두에 두고 낮 근무 시간에는 일부러 빈둥거리기도 한다. 따라서 일을 지시할 때는 상사가 데드라인을 설정해주는 것도 좋다. '이 보고서는 오늘 퇴근 전까지!' 하는 식으로 말이다.

아무튼 주위를 살펴보면 시간은 소리 소문 없이 새어 나가고 있다. 이런 낭비부터 막을 일이다.

이처럼 낭비되는 시간 중에 규칙적으로, 반복되는 낭비에 대해서는 매뉴얼을 만들어둬야 한다. 중요한 물건의 보관 장소를 정해두고, 이를 스마트폰에 메모해두면 언제든 쉽게 찾을 수 있다. 집에서나 회사에서도 마찬가지다. 이것만 실천해도 어쩌면 30분~1시간 가까이 절약할 수 있을 것으로 보인다.

자신이 하는 일에 매사 데드라인을 설정해두는 것도 좋은 방법이다. 안건별로 데드라인을 설정해서 책상 앞에 포스트잇을 붙여두자.

그것을 보는 순간, 무의식적으로 문제 해결의 아이디어가 샘솟을 것이다.

다음에는 가장 억울한 낭비, 남의 부탁을 들어주느라 낭비되는 시간이다. 때로는 시간뿐 아니라, 경제적인 피해까지 입는 사례를 주위에서 어렵지 않게 볼 수 있다. 단호하게 "No!"라고 말하는 습관을 길러야 한다. 이런 일로 고통받는 사람들을 보면 안타까울 뿐이다.

낭비되는 소소한 시간들

에릭슨 연구소 조사 결과다. 미국인의 하루 평균 TV 시청 시간은 129분, 그중 리모컨을 돌리는 데만 하루 23분을 낭비한다. 우리가 의식하지 못했던 시간들이다. 이를 80세 수명으로 역산하면 1.3년이라는 시간을 채널 돌리기에 사용하는 셈이다. 그렇게 시간을 도둑맞는 것이다.

직장인의 경우 외적인 낭비에는 불필요한 회의, 상사의 지시나 간섭, 불필요한 보고서 등이다. 불필요한 보고서는 영어로는 Red-tape, 한자로는 번문욕례繁文縟禮라고 표현한다. 관공서 등에서 작성하는 번잡한 서류들을 말한다. 방대한 양의 공문을 묶을 때 붉은 끈을 사용하여 생긴 이름이다.

그 외 아침과 저녁에 낭비되는 시간, 출퇴근 시간 그리고 자투리 시간 등이 있을 것이다. 외적으로는 시간 낭비에 불과한 회의나 보고서 제출이 시간을 좀먹는다.

상사의 지시는 명료하고 데드라인을 분명히 해야 한다. 불필요한 서류는 작성하지 말아야 한다. 무엇보다 일단 지시를 했으면 부하의 일에 간섭하지 말아야 한다.

아래는 낭비되는 시간을 줄이기 위한 방법들을 정리한 것이다.

- 잠들기 전에, 아침에 일어나 가장 먼저 할 일을 정해둬라. 그러면 낭비되는 시간을 절약할 수 있다.
- 남의 일에 끼어들지 마라. 남의 부탁을 거절하지 못해 시간과 에너지를 낭비하는 사람이 의외로 많다. 나에게 하등 도움이 되지 않는 남의 부탁은 냉정하게 거절해야 한다.
- 다른 사람에게 맡길 수 있는 일은 맡겨라. 혼자 처음부터 끝까지 처리하는 것보다 자신이 강점을 가지고 있는 부분에 집중하고, 다른 사람이 강점인 부분은 맡기는 것이 효율적이다.
- 무작정 일을 벌여 시간을 낭비하지 마라. 사전에 일의 진행 과정을 머릿속으로 그리면서 도상 연습을 충분히 해둬라.
- 말하지 않아도 되는 것을 굳이 말하지 마라. 상사에게 결론만 간략히 보고하라.
- 생각과 동시에 행동하는 훈련을 하라. 생각을 너무 많이 하는 사람은 자칫 햄릿형이 되어 행동 자체가 어려운 경우가 많다.

- 면담이나 보고서에 추상적인 용어를 사용하지 마라. '아마도', '대체로', '가능하면' 등이 시간을 좀먹는 용어들이다.
- 지나치게 완벽을 추구하지 마라. 완성도 70%라도 좋으니 우선 행동하라. 그리고 중간중간에 궤도를 수정해가는 것이다.
- 시간을 절약할 방법을 습관화하라. 어느 수험생은 등하교 전철 안에서 머릿속으로 수학 문제를 풀었다고 하고, 어느 유명 인사는 화장실에 책을 한 권씩 두고 틈틈이 읽었더니 1년에 20권을 읽을 수 있었다고 한다.
- 능률이 오르지 않을 때는 기분 전환을 하라. 잠깐 낮잠을 자도 좋고, 가까운 공원으로 산책을 가서 환경에 변화를 줘도 좋다.
- 매사 데드라인을 정하는 습관을 가져라. 기자들이 흔히 경험하는 일이다. 처음엔 막막하던 일도 데드라인이 다가오면 이상하리만치 아이디어가 떠오른다.

20

자투리 시간

자투리 시간을 알차게 활용하라

"Time is gold."라는 말은 만고불변의 명언이다. 시간이 황금이라면 자투리 시간은 금싸라기에 해당된다. 금싸라기를 모으면 바로 황금덩어리가 되는 게 아닌가. 서부 개척 시대의 골드러시도 금광을 캔 것이 아니라, 강가 모래를 채로 걸러서 금싸라기를 모은 사금砂金이었다.

보통 사람들의 자투리 시간은 얼마나 될까?

한 포털사이트 조사에 의하면 직장인들의 자투리 시간은 하루 평균 1시간 47분 정도라고 한다. 대략 1시간 30분 정도로 잡고 한 달이면 45시간, 1년이면 540시간이다. 이를 날짜로 환산하면 22.5일로 거의 한 달이다. 여기에 1시간 전후의 출퇴근 시간까지 합치면 엄청난 시간이 낭비되고 있다.

자투리 시간에도 등급이 있다. 오랜만에 가지는 호젓한 시간이 A급이라면, 출퇴근 시간처럼 조금 소란스러운 분위기가 B급이다. A급은 창의력을 요구하는 일을 할 때 사용하면 좋다. 보고서 작성이나 프로젝트 구상 등에 활용하라는 것이다. B급 시간은 독서나 외국어 공부가 알맞겠다. 이도 저도 아닌 C급 자투리 시간은 그냥 눈감고 잠시 휴식을 취하는 것이 좋다.

역사적으로 위대한 인물들은 자투리 시간 활용에도 일가견이 있었다. 르네상스의 천재 레오나르도 다빈치는 늘 허리춤에 스케치북을 매달고 다녔다. 순간적으로 떠오르는 아이디어를 즉시 스케치하고 메모하기 위해서였다. 그렇게 해서 30년 동안 그가 남긴 메모와 스케치가 5천 쪽 분량이 넘는다.

다빈치는 농장주의 아들과 시골 처녀 사이에서 태어난 사생아였다. 어려서 잠깐 친모와 같이 살았으나, 친모가 개가를 하는 바람에 외할머니와 외삼촌 밑에서 자랐다. 그런 탓에 정규교육은 받지 못했지만 인간과 자연에 대한 무한한 호기심으로 메모와 스케치를 하며 공부했던 것이다.

독일 미술사학자 장 폴 리히터는 다빈치의 원고 중 '미술론'과 '문학론'에 해당되는 내용만을 묶어 《레오나르도 다빈치 노트북》이라는 책을 출간했다. 이 책 본문에 실린 스케치만 해도 1,000점이 넘는다.

그가 남긴 스케치 중에는 낙하산, 헬리콥터 설계, 인체 해부도도 포함되어 있다.

그의 메모는 이런 식이다.

"먼 거리에서 그림자는 어떻게 사라지는가? 그림자가 먼 거리에서는 사라지고 마는데, 이는 눈과 눈에 보이는 물체 사이에 존재하는 빛을 받은 공기가 스스로의 색채로 그림자를 물들이기 때문이다."

"역사화를 그릴 때 가장 중요한 것은 인물의 위치다. 인물은 실제 크기보다 작게 묘사되어야 한다. 인물이 화면의 밑 선으로부터 멀리 떨어질수록 그 크기는 더욱 작아진다. 그리고 다른 인물들도 그 비례에 맞춰 그려져야 한다. 실제 인물을 보고 소묘할 때 화가의 눈은 자신이 소묘하고 있는 대상의 아래쪽에 위치해야 한다."

나아가 자신의 재치 있는 생각도 메모로 남기고 있다.

"두더지는 어두운 곳에 있는 한 계속 살지만, 밝은 빛에 드러나게 되면 그 갑작스러운 노출 때문에 죽게 된다. 거짓말도 마찬가지다."

1시간 활용하기

자투리 시간 1시간이면 한 달에 책 두어 권을 읽을 수 있다. 일 년이면 몇 십 권의 책을 읽을 수 있다는 계산이다. 하루 1시간의 여유가 있다면 일 년 동안 성경을 통독할 수 있다. 불교 경전도 마찬가지

일 것이다. 아침 1시간의 자투리 시간을 활용하면 웬만한 수준의 외국어 회화를 익힐 수 있는 시간이다. 하루 1시간이면 초보자라도 일 년에 악기 하나를 배울 수 있다.

미국인들의 식사 시간은 대략 1시간 정도로 가족이 모여 식사를 하면서 이야기를 나눈다. 케네디를 대통령으로 만든 것은 1시간 동안의 식사 시간 토론이었다. 케네디 가문은 아일랜드에서 미국으로 이민을 왔다. 당시 영국의 식민지였던 아일랜드는 밀과 감자가 주요 작물이었으나, 밀은 영국인들이 모두 수탈해가는 바람에 아일랜드 사람들은 감자로 연명해야 했다. 그러다가 1845년부터 아일랜드에 감자마름병이 돌아 많은 사람들이 굶어죽거나 이민을 떠났다. 케네디의 조부도 그 이민 행렬을 따라 미국으로 건너갔던 것이다.

이민 2세였던 조셉 케네디는 상당한 재력을 축적했지만 미국에서 아일랜드계는 늘 천대받는 계층이었다. 그래서 조셉 케네디는 가문의 신분 상승을 위해 아이들을 훌륭한 정치가로 키우기로 결심했다. 정치가로 키우기 위해서는 자녀들을 어떻게 교육시켜야 할까?

그러다가 '토론'이라는 테마를 떠올렸다. 미국은 여론을 중시하는 나라이기에 정치가의 핵심 자질을 토론으로 본 것이다. 그렇게 하여 시작된 것이 식탁토론이었다. 저녁 식사 시간에는 반드시 〈뉴욕타임스〉를 읽고 와서 전 가족이 정치, 경제, 사회 등 각종 문제에 대해 토론하도록 했다.

훗날 대통령이 된 케네디는 자신을 대통령으로 만들어준 1등 공신은 바로 식탁토론이었다고 말했다. 실제로 케네디가 대통령 선거에서 승기를 잡은 시점은 닉슨과의 TV토론 이후였다. 잘생긴 용모에 자신 있는 말솜씨가 닉슨을 압도한 것이다.

직장인들 중에서도 1시간 이른 출근만으로도 오전에 할 일들을 거의 마무리하는 사람들을 볼 수 있다.

남들이 출근하기 전 1시간은
누구의 간섭도 받지 않고,
전화벨도 울리지 않고,
정신까지 맑아서
오롯이 자신의 일에 몰두할 수 있다.
이 1시간이 출근 후 3~4시간의 몫을 한다.

30분 활용하기

직장인들이라면 점심 식사 후 남는 자투리 시간이 대략 30분 정도다. 하루 30분이면 가까운 공원에 가서 스트레칭을 하거나, 부족한 운동을 보충하기 위해 30분 걷기도 좋다. 특정 주제를 정해놓고 멤버들이 모여 짧은 토론의 시간을 가져보는 것도 좋을 것이다. 직장인들 중에는 점심 식사 후 남는 30분을 이용하여 악기를 배우는 모임도 여럿 있다.

보통 사람이 하루에 화장실에 머무는 시간이 대략 30분 정도라고 한다. 어느 명문 대학 합격생은 역사, 사회 등 암기 과목은 대부분 화장실에서 공부했다고 밝혔다.

소프트뱅크 손정의 회장은 미국 유학 시절에 하루 30분씩을 발명에 할애했다. 30분 만에 어떻게 발명 아이디어를 내느냐고 하겠지만, 그가 했던 방법을 알면 일반인도 가능할 것으로 보인다. 그의 방법은 이질적인 상품 세 가지를 놓고서 이들을 합치면 무엇이 될까? 이 기능을 바꾸면? 크기를 줄이면? 거꾸로 세우면? 하는 식이었다.

예를 들면 라디오, 카세트, 헤드폰 세 개를 가지고 더하기 빼기를 하면 20세기 최고의 히트 상품인 워크맨의 아이디어가 될 수 있다는 것이다. 아침에 일어나서 30분 동안 그렇게 하여 아이디어가 떠오르면 기록으로 남기고, 떠오르지 않으면 그날은 그걸로 끝이었다. 그렇게 해서 나온 것이 다국어 번역기였다. 이것으로 손정의는 학생 신분으로 1백만 달러를 벌었다.

15분 활용하기

하루는 60분 × 24 = 1,440분이다. 15분이면 대략 하루 시간의 1%에 해당된다. 잠자는 시간을 제외하면 1.5%에 해당된다. 쉬지 않고 일에 집중하는 데에는 한계가 있다. 1시간 동안 어떤 일에 집중하는 것은 좀처럼 어렵다. 그러나 이것을 4등분해서 15분 단위로 나눠서 집중해보면, 집중력뿐만 아니라 시간을 관리하기가 쉬워진다.

15분이면 기획서를 구상하거나 프로젝트를 설계하기에 좋은 시간이다. 아침 자투리 시간 15분 동안 요가나 명상 훈련을 하면 한 달 후엔 얼굴 색이 달라진다. 얼굴 근육 운동을 하는 방법도 있다. 아침마다 15분씩 거울 속의 자신을 보면서 미소 짓는 연습을 하면, 3개월 후에는 얼굴 표정이 달라진다. 잠자리에 들기 전 15분은 지난 하루의 일을 마무리하고 다음 하루의 계획을 짤 수 있는 충분한 시간이다.

보통 사람이 한 번에 몰입할 수 있는 시간도 대략 15분이라고 한다. 15분 동안 어느 한 가지 일이나 생각에 몰두해보라. 가로세로 낱말 맞추기 퀴즈가 보통 15분 정도 걸린다. 직장인이라면 낮 시간 15분 동안 의자에 기대어 잠시 눈을 붙이는 것도 유용한 방법이다.

주부라면 집안 청소가 끝난 후 15분 동안 다이어리에 공과금 납부, 쇼핑할 식품 목록 등 그날 해야 할 일들을 꼼꼼히 정리해두면 허둥지둥하는 일이 없어질 것이다. 싱크대도 청소해보고 공구함에서 드라이버를 꺼내 집안 곳곳의 헐거워진 나사못을 조여보자. 냉장고에 화석처럼 남아 있는 음식도 버리고 나면 기분까지 개운해질 것이다.

요즘은 유튜브가 대세다. 관심 있는 분야의 유튜브를 구독해두고, 틈틈이 자투리 시간에 시청해보자. 알람을 설정해 유튜브가 올라올 때마다 보지 말고, 반드시 자투리 시간에만 봐야 한다. 그래야 일에 방해받지 않는다. 그렇게 한 달만 실천하면 웬만한 분야의 상식은 얻을 수 있다.

10분 활용하기

시간관리 전문가 로타르 J. 자이브레트는 이렇게 말한다.

"비록 사용할 수 있는 시간이 10분밖에 안 되더라도 반드시 우선순위를 정하라."

지인 중에 아들과 놀아주는 것이 너무 힘들다는 아빠가 있었다. 다섯 살 아들 하나를 키우고 있었는데, 요즘 에너지가 넘쳐 아빠에게 계속 몸싸움을 건단다. 직장에서 퇴근하면 피곤해서 아이가 귀찮게만 느껴진다. 아이와의 놀이가 좋다는 것을 알긴 하지만 몸이 안 따라준다고 호소했다.

그에게 10분 안에 할 수 있는 아빠놀이 목록을 만들어보라고 했다. 10분은 아이와 놀아주기 딱 좋은 시간이다. 한참을 고민하더니 그가 말했다.

"놀이 방법이 잘 안 떠오르는데요. 좀 알려줘 봐요."

예전에 아이와 했던 터무니없이 유치한 놀이들을 소개해줬다. 그렇게 놀아줄 것을 권유했다. 며칠 후에 그와 통화를 하게 되었는데 기쁨이 넘치는 목소리였다.

"제가 놀이 리스트 20개나 썼어요. 한 달 안에 20개를 다 해보려고 노력 중이에요. 아이와 단둘이 여행 갈 곳도 생각해놓았어요. 벌써 생각만 해도 즐겁습니다. 하하!"

유대인 부모는 아이가 잠들기 전에 침대 옆에서 《탈무드》나 동화책 등을 꼭 읽어준다. 하루 일과 중 아무리 바빠도 이것만은 꼭 지킨다. 잠들기 직전 아이들의 시간은 부모와 아이가 소통하는 마법의 시간이다. 재미있는 것은 동화책을 한꺼번에 다 읽어주는 것이 아니라, 조금씩 읽어주고 난 다음에 잠들 때까지 그다음 이야기를 상상하게 한다는 것이다.

말을 배우기 시작할 무렵, 부모가 침대맡에서 동화책을 읽어주는 일은 생각만 해도 참 따스하다. 성서에 나오는 이야기나 다윗과 골리앗의 이야기 등 위인전이나 동화를 들으며 아이는 상상의 세계에 빠져드는 경험을 한다. 영화감독 스티븐 스필버그는 영화를 만들 수 있는 상상력의 원천은 어릴 때 부모님께 들었던 베드타임 스토리였다고 한다.

5분 활용하기

1949년 12월, 러시아 세묘노프 광장에는 반체제 혐의로 사형선고를 받은 28세의 한 청년이 사형 집행을 기다리고 있었다. 남은 시간은 단 5분이었다. 그는 5분 동안 무엇을 할 수 있을까 생각했다.

그는 먼저 가족과 친구들을 위해 기도했다. 그동안 고마웠던 사람들에게도 감사를 표했다. 그러고 나니 2분이 남았다. 2분 후면 총알이 그의 가슴에 박힐 차례였다. 바로 그때 저만치서 말 한 마리가 먼지를 일으키면서 달려왔다. 러시아 황제의 사면장을 가지고 온 것이다. 여기서 극적으로 살아난 사람이 러시아의 대문호 도스토옙스키였다.

5분이라고 가볍게 보지 마라. 도스토옙스키가 느꼈을 5분을 생각하면, 5분이 얼마나 귀중한 시간인지 알 수 있을 것이다.

《클린》이라는 책을 쓴 알레한드로 융거는 의사였다. 의사였으면서도 자신은 심한 우울증과 여러 질병으로 고생하고 있었다. 그는 자신의 병이 서양 의학으로는 고칠 수 없다는 것을 잘 알고 있었다. 어느 날 서점에서 책을 고르다가 《Meditation》이라는 제목의 책이 눈에 들어왔다. 그는 이것이 'Medication'이라고 생각해서 이렇게 중얼거렸다.

"멍청한 녀석들!"

그는 편집자가 Medication을 Meditation으로 잘못 표기한 줄 알았던 것이다. 그러나 책을 펼쳐보고는 정말로 '명상'에 관한 책이라는 사실에 깜짝 놀랐다. '약물치료'를 의미하는 Medication과 '명상'을 의미하는 Meditation이 글자 한 자 차이로 흡사하다는 사실에 새삼 놀란 것이다.

그렇다면 명상과 약물치료는 사촌 간이로구나. 그때부터 그는 명상에 빠져들기 시작했다. 그후 그는 명상으로 자신의 병을 고쳤음은 물론이고, 이제는 명상 전도사가 되었다. 그는 하루 '5분 명상'을 권하고 있다.

1~4분 활용하기

요즘 다이어트에 좋다는 4분 '타바타 운동'이 유행이다. 고강도 훈련 20초, 휴식 10초를 8회 반복하면 4분이 된다. 일본의 한 교수가 사이클 선수를 대상으로 개발한 타바타 운동은 근력과 지구력을 향상시키고, 칼로리 소모가 많아 다이어트에 탁월하다고 한다.

사이클 선수를 위해 개발된 것이지만 실전에서는 어떤 운동이라도 좋다. 팔굽혀펴기, 줄넘기, 제자리뛰기 등이다. 단, 고강도 훈련을 할 때는 자신의 에너지를 100% 발휘해야 한다는 점이다.

일본의 베스트셀러 작가이자 자기계발 전문가인 사이토 다카시는 1분의 중요성을 역설하는 사람이다. 중요한 순간의 1분을 어떻게 사용하느냐에 따라 인생이 바뀔 수 있다는 지론을 펴고 있다. 1분은 아주 짧은 시간으로 느껴지겠지만, 1분이면 아나운서가 말하는 속도로 원고지 3매를 읽을 수 있는 긴 시간이다. 1분 동안 숨을 참아보라. 그 1분이 얼마나 긴 시간인지 새삼 실감할 수 있을 것이다.

우선 '빨리'라는 단어를 지워 버리고 '1분'으로 대체하라. 아이디어를 낼 때도, 처음 만나는 사람과 인사를 나눌 때도, 상사에게 업무를 보고하거나 보고를 받을 때도 '1분'을 기준으로 설정하면 충분하다. 방송에 출연할 때나 누군가를 설득해야 할 때도 1분 발언을 준비해 가면 아주 유용하다.

거래처와의 상담이 깨질 위기에 처했을 때, 상대방이 '다음에'라고 말하면서 자리에서 일어서려고 하면 이렇게 하라.

"제 이야기를 딱 1분만 들어주시겠습니까?"

아무리 바쁜 상대라도

'1분'을 거절하지는 못하기 때문에,

1분 안에 승부를 걸 수 있는 기회가 생긴다.

책을 읽어도 핵심적인 내용을 1분 안에 정리하는 연습을 하라. 예습도 마찬가지다. 수업이 시작되기 전 1분 동안 오늘 배울 내용을 쭉 훑어보면서 키워드 몇 개 밑줄 긋는 것만으로도 충분히 예습 효과를 볼 수 있다. '1분 안에 가능하다'고 생각하면서 훈련하면 아주 많은 일을 할 수 있다.

사이토 다카시는 이렇게 말한다.

"인간은 조건이 제한될수록 능력을 발휘하는 존재다."

시간을 많이 주면 많이 주는 만큼 늑장을 부리고, 촉박하게 주면 거기에 맞춰서 한다는 것이다.

1분 영어 스피치도 훈련 항목에 넣어라. 일상생활의 대화는 물론 어떤 문제에 대한 자신의 의견을 1분 영어로 발표하는 훈련이다. 자기소개, 가족관계, 사회문제에 대한 의견, 자신의 꿈, 하고 싶은 일, 가보고 싶은 여행지 등 평소 자신의 관심사에 대해 1분 동안 영어로 말하는 스피치 훈련이다. 한 달 정도면 거의 능숙한 스피치가 가능하다. 우리가 알고 있는 단어만으로도 훌륭한 연설을 할 수 있다.

3분 정도 즉석 연설을 할 수 있으면 거의 외교관 수준이다. 요즘은 3분 스피치를 가르치는 학원이 쏠쏠하게 재미를 보고 있다고 한다.

3~15초 활용하기

15초는 짧게 느껴지겠지만, TV 광고 하나가 15초 단위다. 그 15초 동안 얼마나 많은 메시지를 전달하고 있는가. 그래서 광고업계에 종사하는 사람들은 15초 단위 생각이 습관화되어 있다.

15초면 하루에 할 일, 우선순위, 그리고 디테일한 계획까지 머릿속에서 다듬을 수 있다. 또 15초면 오늘 만날 주요 고객과 나눌 이야기 내용을 다듬으며 메모할 수 있는 시간이다. 15초를 가장 잘 활용할 수 있는 방법은 또 있다. 연인이나 남편, 아내에게 전화를 걸어 '사랑해!'와 같은 메시지를 전달할 수 있다. 아마도 가장 훌륭한 15초 활용법일 것이다.

미국 노스웨스트 대학의 다니엘 키르센바움 교수는 5초 건강법으로 유명하다. 그는 5초의 여유가 있으면 손을 반대로 사용해보라고 권한다. 오른손잡이면 5초 동안 왼손을 사용해보는 것이다. 5~10초 동안 왼팔 운동을 하면 아주 기분이 상쾌해진다.

5초의 여유가 있으면 앉아 있는 자세를 한 번 바꿔볼 수 있고, 넥타이 끈과 벨트를 늦출 수 있는 시간이다. 5초 동안 눈을 감고 피곤한 눈 위를 지그시 눌러 주면 한결 개운해진다. 아니면 시원한 물이라도 한 잔 마실 수 있는 시간이다.

어느 교수는 '3초 : 20초 규칙'을 수업에 도입하고 있다. 3초 : 20초 규칙이란 질문을 받으면 3초 안에 대답을 시작하고 20초 안에 끝낸다는 원칙이다. 처음에는 잘 안 되지만 훈련되면 모든 학생들이 수업 시간에 항상 'Ready' 상태가 된다. 법륜 스님의 즉문즉답도 그런 맥락일 것이다.

시간을 미분하면 자투리 시간이 되고, 적분하면 자투리 시간의 누적 효과로 나타난다. 위 사례 중 당신이 당장 실천할 수 있는 것은 무엇인가?

21

새벽 시간

새벽 시간을 헛되이 낭비하지 마라

"중요한 일을 아침 시간을 이용해 처리해야 할까? 아니면 야근을 해서 처리해야 할까?"

이 질문의 정답은 당연히 '아침 시간'이다. 아침 시간은 고도의 집중력을 발휘할 수 있어, 단 1시간만으로도 3시간의 근무 성과를 낼 수 있기 때문이다.

사람들은 보통 나이가 들어서야 비로소 새벽 시간의 소중함을 깨닫는다. 일반인들의 저녁 시간은 대개 밖에서 친구들이나 회사 동료와 보내고, 설령 집에 있다고 하더라도 TV 시청으로 소일하는 경우가 대부분이다. 시간 빈곤층의 대부분은 새벽 시간을 활용하지 못한 사람들이다.

《5초의 법칙》의 저자 멜 로빈스는 이렇게 조언한다.

"목표를 향해 행동하고 싶은 본능이 생기는 순간 '5, 4, 3, 2, 1' 하고 숫자를 거꾸로 세고 몸을 움직여야 한다. 그렇지 않으면 머릿속에서 방해할 것이다."

숫자를 5부터 1까지 거꾸로 세는 일은 변화에 필요한 강력한 초기 에너지를 만드는 준비 과정이다. 이렇게 숫자를 세는 동안 우리의 뇌는 변명 찾기에서 관심을 돌려, 새로운 방향으로 움직이는 데 집중하도록 도와준다.

또 알람 소리를 들었다면 무조건 몸을 반 바퀴만 돌려보자. 그러면 관성의 법칙에 따라서 1바퀴까지 돌게 되고, 2바퀴 정도까지 돌면 일어나가기가 훨씬 쉬워진다. 무엇보다 잠이 많아서 새벽에 일어나기 힘든 사람이라면, 차라리 일찍 잠드는 버릇을 들이는 것이 좋다.

일찍 일어나는 습관이 성공 확률을 높인다

직장인이라면 평소보다 10분씩만이라도 일찍 출근하는 버릇을 들이자. 쫓기면서 시작하는 하루 일과를 부드럽게 해주는 윤활유가 바로, 그 10분이라는 사실에 새삼 놀랄 것이다.

고 정주영 현대 명예회장은 새벽 4시에 일어나 신문을 모두 읽고는 아침 식사를 하고 계동 사옥까지 걸어서 출근했다. 정 회장은 늘 새벽이 빨리 오지 않아 조급증을 보였다. 일하는 재미에 흠뻑 빠져 있었기 때문이다. 일하는 즐거움을 알면 새벽에 저절로 눈이 뜨인다.

누군가가 미국의 초대 대통령 조지 워싱턴에게 물었다.

"성공한 이유가 무엇입니까?"

그의 대답은 간단했다.

"특별한 게 없습니다. 굳이 있다면 아침 4시에 일어난 것이 아닐까요?"

일찍 일어나는 습관이 성공으로 이어질 수 있음을 암시하는 대답이다. 누구나 아침 일찍부터 비생산적인 생각을 할 리가 없다. 하루를 시작하는 이른 시간에 정신을 모으고 하루를 계획하는 것은 개인의 정신을 고양하고 경쟁력을 극도로 높이는 일이다.

하루를 여는 새벽은 참으로 소중한 시간이다. 기독교인들은 새벽기도를 통해 심령을 맑게 하고 힘찬 하루를 시작한다. 하루 어느 시간보다 정신이 맑아 하나님과 대화하기 좋은 시간이다. 불교를 믿는 사람들도 새벽 정진은 가장 효과적인 시간이다. 새벽은 우주의 기운이 가장 충만한 시간이다.

종교 유무에 상관없이 아침 시간은 누구에게나 소중하며, 이 시간을 좀 더 유용하게 사용하는 것이야말로 삶을 더욱더 풍요롭게 만드는 방법 가운데 하나다.

이른 새벽에 일어나려면
저녁에 너무 늦게 잠자리에 들면 안 된다.
자연히 저녁 귀가 시간이 빨라지고,
과음 등 건전하지 못한 생활 습관을
줄이는 효과를 가져다준다.

종달새형 인간 VS 올빼미형 인간

그러면 원래 잠이 많은 사람들은 어찌할 것인가. 사람에는 세 부류가 있다. 종달새형아침형, 올빼미형저녁형, 벌새형보통 사람들이다. 종달새형은 10명 가운데 1명, 올빼미형은 10명에 2명 정도라고 한다. 사람에 따라 차이가 있겠지만 일반적으로 천재형은 밤 시간을, 노력형은 새벽 시간을 잘 활용한다.

인간 종달새들은 오전 6시 이전에 저절로 눈이 떠지며 아침 시간에 가장 생산성이 높고 점심 시간에 정신이 가장 명료하다. 인간 올빼미들은 저녁 6시쯤 가장 정신이 또렷하고 늦은 저녁 시간에 생산성이 높다. 새벽 2시 이전에는 잠이 오지 않는다. 이들의 기상 시간은 아침 10시 이후다. 올빼미형은 커피를 좋아하고 늘 잠이 부족하다.

새벽형 인간이 진정 의미가 있으려면 아침 일찍 일어나 마음을 모으고 하루를 계획할 수 있도록 신체적 컨디션이 좋아야 한다. 그렇지 않다면 새벽 기상은 고문일 뿐이다. 어떤 조직이든 최고위층은 주도적인 삶을 살 수 있기 때문에 새벽형 인간으로 사는 것이 가능하다. 하지만 수면 부족에 시달려야 하는 월급쟁이들에게는 그림의 떡일 수도 있다.

미국의 36대 존슨 대통령은 저녁형 인간이었던 모양이다. 오후가 되면 사무실 문을 걸어 잠그고 잠옷으로 갈아입은 뒤, 30분간 낮잠을 즐겼다.

그는 보좌진들에게 이렇게 말하곤 했다.

"나는 낮잠 덕분에 대통령으로서 긴 근무 시간을 버틸 수 있었다."

영업 일을 하느라 외근이 잦은 사람은 이동 중의 전철이나 주차장에 세워둔 차 안에서 토막잠을 청하는 방법을 추천한다. 사무직이라면 점심 식사 후에 잠깐 눈을 붙일 시간을 마련하면 졸음을 효과적으로 극복할 수 있다.

낮잠을 자는 시간은 15분이면 충분하다. 15분 동안 짧고 깊게 잠을 자고 나면 몸과 마음에 활기가 되돌아온다. 덕분에 남은 업무에도 전력을 다할 수 있다.

아침형 인간이라고 해서 다 성공하는 것은 아니다. 앞에서 든 사례들은 아침에 일찍 일어나면서 성공한 사람들의 사례를 든 것일 뿐이다. 그것 자체가 '일찍 일어나면 성공한다'는 증거 자료는 아니다. 우리들은 흔히 몇몇 사례를 들어 어떤 것이 타당하다고 주장하는 오류를 범한다.

조찬 모임에 참석한 사람들의 면면을 보고 나서 “조찬 모임에 참석하면 성공할 수 있다.”라는 주장을 펴는 것과 같다. 조찬 모임에는 처음부터 나름대로 성공한 사람들을 초대한 것뿐이다. 새벽에 일어난 모든 사람을 성공했다고 평할 수는 없지 않은가.

반대로 성공한 사람 가운데 늦게 일어나는 사람도 있다. 오히려 성공했기 때문에 충분한 수면 시간을 가질 수 있다는 역설적인 이야기다. 필자가 아는 모 기업 회장의 경우, 충분히 자고 늦게 출근한다. 이런 사례는 비일비재하다.

시간에 끌려다니지 말고 시간을 이끌어라

리더에는 ‘똑부형’, ‘똑게형’, ‘멍부형’, ‘멍게형’ 등의 유형이 있다고 한다.

‘똑부형’이란 똑똑하고 부지런한 형이다. 이런 리더는 모든 의사결정을 직접 하고 일일이 챙긴다. 그러니 웬만한 직원들은 숨도 못 쉬고 버텨 내지도 못한다.

‘똑게형’은 똑똑하지만 게으른 리더다. 중요한 방향은 결정하되 나머지는 직원들에게 위임한다. 가장 인기 있는 리더다.

‘멍부형’은 멍청하면서 부지런한 형이다. 최악의 리더다. 엉뚱한 방향을 세워놓고 하루 종일 직원들을 몰아댄다.

'멍게형'은 멍청하면서 게으른 형이다. 이 또한 좋은 리더라고 할 수는 없다. 그러나 '멍부형'보다는 낫다. 이런 식의 분류는 학술적인 것이 아니지만 새겨들을 만한 구석은 있다.

하지만 대개 성공한 사람들은 부지런할 수밖에 없다. 조직을 이끌어가는 위치에 있게 되면 조직원들의 의견을 가능한 많이 듣고, 신속한 의사결정을 해야 하기 때문이다. 부지런한 대신, 시간은 늘 부족한 편이다.

문제는 시간을 어떻게 쓰느냐다. 저녁형이든, 아침형이든, 본인이 과연 주도적으로 부족한 시간을 이끌어가면서 살아갈 수 있느냐 여부다. 일에 치이고 시간에 치이면 늘 허우적거리는 인생이 될 수밖에 없다. 일의 우선순위를 정하고, 수면 시간도 일처럼 생각해야 한다. 수면과 휴식은 일의 능률과 밀접한 관련이 있기 때문이다.

업무 처리 능률이 오르면 수면 시간도 확보된다. 체질적으로 올빼미형 인간이라도 저녁 일찍 잠자리에 드는 습관을 들이도록 노력해야 한다. 아침형 인간이 다 성공하는 것은 아니지만, 하루를 일찍 시작하면 건강과 삶의 질 모두가 향상될 수밖에 없을 테니까 말이다.

ACTION

22

스타트

가장 힘든 일을 제일 먼저 하라

오브리 다니엘스 박사는 《사람들의 장점을 끄집어내라》에서 성과급제의 개념에 대해서 논하고 있다. 다니엘스 박사는 이것을 '할머니의 법칙'으로 정의한다. 할머니의 법칙에 의하면, 아이스크림은 시금치를 다 먹고 난 후에야 먹을 수 있다. 즉 달갑지 않은 임무를 맡았을 때는 그 임무를 끝내야만 좋아하는 일을 할 수 있다는 의미다.

다른 정의로는 '프리맥의 원리'라고도 한다. 아이에게 싫어하는 일을 한 다음에 좋아하는 일을 할 수 있도록 하면, 싫어하는 행동을 할 가능성이 높아진다는 것이다.

심리학에는 긍정적으로 강화된 행동은 반복된다는 학설이 있다.

파블로프와 그의 개를 생각해보자. 일을 미루지 않으려고 미약하나마 진척을 보인 대가로 스스로에게 보상하면, 성공할 가능성이 훨씬 높아진다.

공자의 제자 중에 번지라는 자가 있었다. 번지가 물었다.

"인仁이란 무엇입니까?"

공자가 대답했다.

"선난후득先難後獲이 곧 인仁이니라."

어려운 일을 먼저 하고, 나누는 일은 나중에 하는 것이 인仁이라는 의미다. 이 말에는 두 가지 의미가 있다.

조직이나 사회 전체적으로는 누군가 해야 하지만 힘든 일이어서 서로가 하지 않으려고 피하는 경우에 이를 솔선수범하라는 의미다. 다른 하나는 개인적으로 여러 가지 할 일 중에서 힘들고 어려운 일을 먼저 하라는 의미다. 공자는 전자의 의미로 선난후득을 사용한 것으로 보인다.

공자는 인의 의미를 묻는 사람과 상황에 따라 각기 다른 비유로 설명하고 있다. 안연도 물었고, 사마우도 물었고, 중궁도 물었고, 번지도 물었다. 그때마다 공자의 대답은 조금씩 달랐다. 이렇게 대답이 다른 이유는 인이란 도덕과 윤리의 기초가 되는 개념이기에 인의 뿌리에서 의義, 체禮, 충忠, 지知, 경敬, 겸謙 등의 여러 덕목으로 갈라지기 때문이다.

힘든 일, 지저분한 일일수록 깔끔하게 처리하고 나면 몸도 마음도

개운해진다. 반대로 골치 아픈 일일수록 방치하면 더욱 골치가 아프다. 막연할수록 점점 더 심각하게 느껴지는 것이 고민의 특성이다. 이런 경우에는 고민을 피하지 말고 정면으로 마주하라는 것이다.

아시아계로는 처음으로 세계은행 수장 자리에 오른 김용 총재도 어느 방송 프로그램에 출연하여 젊은이들에게 이렇게 말했다.

"힘든 일부터 먼저 해라. 그리하여 주위 사람들로부터 실력을 인정받아라."

그것이 신뢰를 쌓는 첫걸음이라는 것이다. 공자와 맥을 같이 한다.

요즘 떠오르고 있는 중국 기업 중에 하이얼이라는 가전제품회사가 있다. 이 회사 CEO 장 루이민 회장은 공자의 가르침을 실천하는 인물로 유명하다.

하이얼이 냉장고를 해외로 수출할 때
가장 먼저 상륙한 곳이 독일이었다.
독일의 냉장고 품질 기준이
가장 까다로웠기 때문이었다.
반대로 세탁기를 수출할 때는
일본을 가장 먼저 선택했다.
역시 일본의 세탁기 품질 기준이
가장 까다로웠기 때문이다.

가장 까다로운 나라를 극복하고 나면, 나머지 나라들은 식은 죽 먹기다. 그러나 보통 사람들은 이와 반대로 일한다. 나름 열심히 한다고 했지만 퇴근할 무렵이면 제대로 한 일이 하나도 없다는 생각이 든다. 그렇다면 일하는 방식을 수정해야 한다.

아마도 당신은 출근해서 가장 어려운 일은 나중으로 남겨두고, 여러 가지 쉬운 일부터 처리했을 것이다. 반대로 해보라. 가장 어려운 일 하나를 처리하고, 여러 가지 쉬운 일을 처리하지 못하더라도 당신의 퇴근길은 가볍다.

제일 하기 싫은 일을 제일 먼저 하라

경영 분야 저술가 코르둘라 누스바움은 《하기 싫은 일을 먼저 하라》에서 개인의 일 중에서도 하기 싫은 일을 먼저 하고 나면 나머지는 쉽게 해결된다고 말한다. 좋아하는 일, 재미있는 일만 하다 보면 하기 싫은 일들이 쌓여 결국 문제가 생긴다.

미국의 작가 마크 트웨인은 이렇게 말했다.

"아침에 일어나 가장 먼저 살아 있는 개구리를 먹어라. 그러면 그날 하루 동안 그보다 더 나쁜 일은 일어나지 않을 것이다."

살아 있는 개구리를 먹는다는 것은 끔찍한 일이다. 그러나 아침에 그런 끔찍한 일을 겪고 나면, 그날 아무리 나쁜 일이 일어나도 견딜만 할 거라는 의미다.

얼핏 생각하면 쉬운 일부터 하는 것이 편리할 것 같지만 어려운 일, 골치 아픈 일이 남아 있으면 머리가 지끈거려 쉬운 일도 제대로 마무리하기 어렵다. 그러나 어렵고 힘든 일을 마무리짓고 나면 성취감은 배가 된다.

스탠포드 대학의 커뮤니케이션학과 니콜라스 교수는 3년 동안 게임 중독에 빠진 3만 명을 대상으로 이들이 게임에 빠진 이유를 조사했다. 그 결과 가장 큰 요인이 성취감이었으며, 다음이 관계 형성, 역할 몰입, 현실 도피 순서로 나타났다. 대부분의 게임은 누구라도 쉽게 성취감을 맛볼 수 있게 설계되어 있다. 이것이 사람들로 하여금 게임에 빠져들게 하는 요인이다.

힘들 때가 곧 기회다

토크쇼의 여왕, 오프라 윈프리는 이렇게 말한다.

"위기를 겪어 봐야 당신이 진정 어떤 사람인지 알 수 있다."

평소에는 일을 잘하던 사람도 위기를 맞으면 지레 겁을 먹고 일을 그르치는 경우가 허다하다. 연습 때는 그리도 잘하던 선수들이 경기에 나가면 주눅이 드는 것과 같은 이치다. 위기 때 강해지는 사람이 있고, 위기 때 주저앉는 사람이 있다. 바람이 불어야 알곡인지 쭉정이인지 알 수 있다.

“어떤 우연도, 운명도, 숙명도, 확고한 영혼의 굳은 결심을 회피하거나 방해하거나 통제할 수 없다. 타고난 재능은 중요하지 않다. 오로지 의지만이 위대하다.”

엘라 휠러 윌콕스가 쓴 시 〈The will〉에 나오는 한 구절이다. 그래서 위대한 성공은 대부분 절박한 상태를 이겨낸 의지로 만들어진다.

사람의 일생에는 대략 세 번의 위기와 세 번의 기회가 있다고 한다. 세 번의 기회를 잡는 것도 중요하지만, 위기를 기회로 반전시키는 사람이 더 위대하다.

미국의 남북전쟁을 배경으로 한 소설 《바람과 함께 사라지다》는 마가렛 미첼의 작품이다. 그녀는 애틀랜타 저널의 기자로 활동하다가 다리를 다치면서 삶이 꼬이기 시작했다. 그것이 악성관절염으로 번져 나중에는 외출도 불가능한 상태가 되었다. 무료함을 달래기 위해 그녀는 책을 읽기 시작했다. 남편은 그녀를 위해 매일 도서관에서 책을 빌려다줬다. 어느 날은 남편이 빈손으로 돌아왔다.

“여보, 이제 도서관에는 과학과 학술 서적 외에 더 이상 읽을 게 없어. 차라리 직접 책을 한 번 써보는 게 어때?”

역사학자였던 아버지로부터 들었던 남북전쟁 이야기와 기자생활을 하면서 취재한 많은 자료들, 그리고 자신이 읽은 방대한 독서를 바탕으로 책을 쓰기 시작했다. 그렇게 10년 동안 쓴 소설이 《바람과 함께 사라지다》였고, 출간 6개월 만에 100만 부가 팔리는 초대형 베스트셀러가 되었다. 단 한 권의 책으로 그녀는 위대한 작가의 반열에 올랐다.

러시아 작가 도스토옙스키도 마찬가지였다. 톨스토이가 귀족이었다면 도스토옙스키는 가난과 빚에 허덕이면서 작품을 썼다. 그가 《죄와 벌》을 쓴 곳은 조국 러시아가 아닌 독일의 바덴바덴 호텔이었다. 낭비벽이 심했던 그는 돈이 생기면 그날로 모두 써 버렸다. 그리고는 여기저기서 돈을 빌리고 이를 메우기 위해 또 글을 써야 했다.

나중에는 이를 만회하기 위해 도박에 뛰어들었지만 그럴수록 빚은 늘어만 갔다. 빚쟁이들이 몰려오자, 도스토옙스키는 독일로 달아나 바덴바덴 호텔에 묵었는데 숙박비가 밀려 잡혀 있는 몸이 되었다.

그는 여자 친구에게 편지를 썼다.

"뚱뚱한 독일 주인이 말하는 거요. 나 같은 사람은 점심 식사를 제공받을 가치가 없지만 차는 가져다주겠노라고. 그래서 어제부터 점심도 못 먹고 차만 마시고 있소. 종업원들도 겉으로 말은 하지 않지만 독일인 특유의 태도로 나를 심하게 경멸하는 것 같소. 독일인에게는 돈을 제때 지불하지 않는 것보다 더 큰 죄는 없는가 보오. 만일 당신이 파리에 도착해서 친구들과 아는 사람들에게 조금이라도 돈을 빌릴 수 있다면 내게 보내주시오. 150굴덴이면 되오. 아니, 당신이 보낼 수 있는 만큼만 보내도 좋소. 움직이면 식욕이 생길까 봐 앉아서 내내 책만 읽는다오. 아무에게도 이 편지 보여주지 말고 이야기도 하지 마오. 너무 싫소."

영화 〈죽은 시인의 사회〉에는 다음과 같은 말이 나온다.

"대부분의 사람들은 조용히 체념한 삶을 살고 있다."

《시간관리 혁명》을 쓴 사이토 다카시는 이렇게 말한다.

"인간은 조건이 제한될수록 능력을 발휘하는 존재다."

사람은 위기가 닥치면 살아남으려는 본능 때문에 능력이 배가되는 게 보통이다. 예를 들면 아이가 위기에 처하면 아이를 살리려는 엄마는 초능력을 발휘하고, 불이 난 집에서는 혼자 걷기도 어려운 노인이 가구를 들고 뛰쳐나온다. 반대인 경우도 있다. 위기가 본격적으로 닥치기도 전에 포기하는 사람들이다.

당신은 어느 경우인가? 지금 당신에게 당면한 위기가 있는가?

그렇다면 이 기회에 자신의 능력을 시험해보라.

23

타이밍

중요하고 급한 일부터 해결하라

결정적인 순간, 타이밍이라는 게 있다. 고수와 하수의 차이는 무엇일까?

결정적인 순간의 포착 능력이다. 고수는 결정적인 순간을 포착할 줄 안다. 그리하여 그 순간에 승부를 결정짓는 것이다. 반면 하수는 결정적인 순간을 포착하지 못한다. 그리하여 자신이 가진 기량을 펼쳐보지도 못하고 패하고 만다.

동물의 제왕 사자는 먹이를 사냥하기 위해 처음부터 달려들지 않는다. 풀 속에서 몸을 숨기고 때를 기다린다. 그러다가 추격권 이내에 들어오면 일거에 낚아챈다. 사람의 행동도 마찬가지다. 결정적인 순간을 포착하여 승부를 매듭지으라는 것이다. 이는 일을 차일피일 미루는 것과는 전혀 다른 이야기다.

일은 몇 가지로 분류할 수 있다. 중요한 일, 급한 일, 중요하고도 급한 일, 중요하지도 급하지도 않은 일 등이다. 한꺼번에 몇 가지 일을 처리할 수 있다는 함정에 빠지면 자신에게 편안하고, 친숙하고, 쉬운 일부터 처리하게 된다. 그러다가 차츰 자신에게 거북하고, 어색하고, 복잡한 일은 뒤로 미루기 시작한다.

한꺼번에 여러 가지 일을 처리하지 않아야 뒤로 미루는 고약한 습성을 떨쳐 버릴 수 있다.

라레의 분류법

라레는 나폴레옹 시대의 유능한 군의관이다. 나폴레옹보다는 3살이 많았다. 어려서 부모를 잃고 외과 의사였던 삼촌의 손에 자란 라레는 자연스레 외과 의사로 가업을 이었다.

군의관으로 전쟁에 참여한 라레는 부상병들이 제때에 후송되지 못해 적절한 치료를 받기도 전에 목숨을 잃는 것을 수시로 목격했다. 이 문제를 고심하던 라레는 마침내 나폴레옹 군대가 자랑하는 포병을 보고서 아이디어를 얻는다.

라레는 마차에 대포 대신 카트를 매달아 전장에 투입하여 부상병들을 신속하게 후송할 아이디어를 낸 것이다. 후송용 구급 마차가 전장에 처음으로 등장한 것이다. 이 마차는 개량을 거듭하여 나중에는 전투 중인 야전에서 응급 수술도 가능한 이동식 야전병원으로 발전했다. 나중에는 '날아다니는 앰뷸런스Flying ambulance'로 불렸다

나아가 라레는 나폴레옹에게 건의하여 환자 분류 체계와 우선순위를 뜯어고쳤다. 당시의 군의관들은 부상자를 계급 순으로 치료했다. 즉 경미한 부상을 입어도 계급이 높으면 우선 치료 대상이었던 것이다. 하지만 라레는 환자의 상태에 따라 3단계로 분류했다. 이른바 트리아주Triage 분류법이었다.

① 지금 즉시 치료를 안 해도 되는 사람

② 지금 치료해도 늦은 사람

③ 지금 치료하면 살릴 수 있는 사람

자, 어느 환자부터 치료할 것인가?

문외한이 보아도 ③번이 1순위다. 그다음이 ①번이고 ②번을 포기하는 것이다. 라레의 이 분류법은 많은 부상병들을 죽음으로부터 구해냈다.

그런 라레가 마음에 들었던 나폴레옹은 전장에 그를 데리고 다녔다. 아프리카 전선, 마지막 전투였던 워털루까지 말이다. 하지만 워털루 전투에서 라레는 프러시아 군에 생포되어 처형될 위기에 놓였

다. 그때 라레를 알아본 프러시아독일이 비스마르크에 의해 통일되기 이전의 국가 군의관이 라레를 사령관에게 데려갔다.

사령관은 수년 전 자기 아들이 전장에서 부상을 당했을 때 라레가 국적을 초월하여 인도주의 정신으로 아들을 치료해 살려준 것을 기억했기에 라레를 환대하고 석방했다. 나폴레옹이 1821년 유배지인 세인트헬레나에서 숨을 거둘 때, 라레에게 10만 프랑이라는 거금을 유산으로 남겼다.

그리고 이렇게 말했다.

"그는 내가 만난 사람 중 가장 훌륭한 의사였다."

급하지는 않지만 중요한 일, 중요하지는 않지만 급한 일, 그중에서 어느 것을 먼저 해야 하는가?

중요한 일을 먼저 하고, 급한 일은 그다음에 하거나 다른 사람에게 위임하는 것이 좋다. 일의 우선순위는 다음과 같다.

급하고 중요한 일부터 해결하고,
급하지는 않지만 중요한 일에 집중하고,
중요하지 않지만 급한 일은
다른 사람에게 맡긴다.
급하지도 중요하지도 않은 일은
손을 뗀다.

마케팅에도 트리아주 기법이 활용되고 있다. 소비자는 이렇게 셋으로 분류된다.

①번 고객 : 광고하지 않아도 구매할 사람

②번 고객 : 광고해도 구매하지 않을 사람

③번 고객 : 광고하면 구매할 사람

③번 고객에게 광고를 집중하라는 이야기다. 확증편향을 가진 사람들은 설득하기가 어렵다.

2차원 좌표를 이용하여 일의 우선순위를 정하고 실천한 사람이 아이젠하워 대통령이었다. 그는 하루의 일을 중요도에 따라 4분면에 배치했다.

Ⅰ분면 : 긴급하고 중요한 일

Ⅱ분면 : 긴급하지 않으나 중요한 일

Ⅲ분면 : 중요하진 않지만 긴급한 일

Ⅳ분면 : 긴급하지도 중요하지도 않은 일

이렇게 놓고 보면 대부분의 사람들은 I, III분면에만 몰두하게 된다. 그래서 II분면에 있는 긴급하지는 않으나 중요한 일을 놓치게 된다. 이럴 때에는 III, IV분면의 일을 중단해야 한다. 이것이 일의 우선순위를 정하는 방법이다.

2차원 좌표는 데카르트 좌표라 부른다. 수학자이자 철학자였던 데카르트는 몸이 약했던 것 같다. 그래서 침대에 누워 있는 시간이 많았다. 어느 날 파리 한 마리가 천정에서 이리저리 옮겨다니고 있었다. 그는 생각했다. 저 파리의 절대적인 위치를 표현할 방법이 없을까? 여기서 고안한 것이 데카르트 좌표였다.

시간관리의 파레토 법칙

시간관리에도 파레토 법칙이 적용된다. 중요한 일 20%에서 80%의 성과가 나온다. 곧 중요한 20%의 일에 집중하라는 것이 파레토 시간관리 법칙이다.

하버드 대학의 성적은 기말고사가 좌우한다. 교수가 시험 전에 읽어야 할 책 수십 권을 추천해준다. 그러나 그걸 다 읽기는 불가능하다. 분량이 너무 많기 때문이다. 그 참고도서도 다 읽지 말고, 핵심 20% 정도만 읽으라는 것이다.

그것은 세상을 읽는 것과도 같다. 하루, 일주일, 한 달의 일도 중요한 20%에서 80%의 성과가 나온다. 중요한 일부터 먼저 하고, 중요한 일을 알아보는 안목을 기르라는 것이다.

생산성 향상 전문가 아이비 리는 2010년 어느 날 베들레헴 철강회사로부터 생산성 향상에 관한 조언을 부탁받았다. 이 회사는 그리 많이 알려지지 않은 조선, 철강회사였다. 그는 경영진을 15분 동안만 만나게 해달라고 부탁했다.

15분 동안 슈왑 회장을 만난 그는 이렇게 5가지를 조언했다.

① 퇴근하기 전에 내일 할 일 중 중요한 6가지를 적어라. 일이 많아도 6가지만 적어라.
② 6가지를 중요도에 따라 배치한다.
③ 다음 날 목록의 '1'번부터 집중한다. 1번이 끝나면 '2'번으로 넘어간다.
④ 하루 일을 다 끝내지 못해도 괜찮다. 끝내지 못한 일은 다음 날의 첫 번째 목록으로 넘어간다.
⑤ 이 일을 매일 반복한다.

마지막으로 아이비 리는 다음과 같이 말했다.

"다만 나의 조언이 효과가 있다면 그때 사례비를 주십시오. 성과가 없다고 생각되면 한 푼도 안 주셔도 됩니다."

몇 주가 지나자 베들레헴 철강회사는 그에게 2만 5천 달러를 송금했다. 그 이후 베들레헴 철강회사는 조선, 철강 부문에서 상위권으로 진입하는 성과를 거뒀다.

자잘한 일은 아랫사람에게 맡겨라

망하는 회사의 특징은 사장이 부장의 일을 하고, 부장이 과장의 일을 한다. 사장은 사장이 해야 할 일이 따로 있다. 과감하게 아랫사람에게 일을 위임하고 자신은 중요한 한두 가지 일에 몰두해야 한다. 위임은 다른 사람을 믿는 것이고, 그렇게 함으로써 서로의 관계가 더욱 돈독해진다.

위임과 지시는 엄연히 다르다. 위임은 권한을 함께 주는 것이지만 지시는 '이대로 해!'가 된다. 아이에게 심부름을 시킬 때도 아이의 결정권과 판단력을 존중해줘야 한다. '네가 제일 좋아하는 과일'을 사오라는 언질만 주는 것이다. 이런 게 위임이다.

《마음을 열어주는 101가지 이야기》, 《영혼을 위한 닭고기 수프》의 저자인 잭 캔필드와 마크 빅터 한센은 일의 성패를 가름하는 것은 결국 집중력이며, 집중을 방해하는 것들을 제거하는 방법들을 찾아 나선 작가들이다. 집중하기 위해서는 중요한 일 한두 가지만 빼고, 모두 다른 사람들에게 위임하라는 것이다.

출애굽 당시 유대민족을 이끌었던 지도자 모세는 아주 부지런했던 모양이다. 문제를 가지고 찾아오는 백성들의 문제를 혼자서 다 해결해주려다 보니 꽤나 힘들었다. 자신이 피곤했을 뿐 아니라, 찾아오는 사람들도 만족한 결과를 얻지 못했다. 이때 그의 장인인 이드로가 조언해줬다. 지도자는 자기가 해야 할 것과 아랫사람이 해야 할 것을 구별할 줄 알아야 한다고 말이다.

사가들은 항우가 유방에게 질 수밖에 없었던 이유를 위임의 문제로 해석하기도 한다. 항우는 가난한 사람을 보면 자신의 음식을 나눠줄 만큼 인정이 많았지만 독불장군이었다. 그래서 스스로 군대를 거느리고 싸웠다.

항우는 천하를 다투는 내내 성고와 영양 지방에서 유방이 공격해오면 맞싸워 격퇴하고, 그 틈을 노려 팽월이 제와 양 땅에서 게릴라를 펼치면 군대를 그쪽으로 돌려 팽월 군을 격파하는 일을 반복했다. 항우의 진영에서 충성스런 장수가 손에 꼽을 수 있는 까닭도 여기 있다.

인사등용에 있어서도 항우는 패인을 가지고 있었다. 유방은 자신에게 도움을 줬던 한신, 경포, 팽월 등을 미리 왕으로 삼아 그들로 하여금 힘을 다하게 했다. 유방은 천하의 대세에 대한 일은 장량의 말을 전적으로 신임했고, 군사는 모두 한신에게 위임했으며, 내정은 모조리 소하에게 맡겨 인재들을 적재적소에 배정하여 그 힘을 다하게 했다. 항우는 근본적으로 부하를 잘 믿지 않는 사람이었고, 부하에게 자신의 전권을 나눠주지 않았다.

24

행동

생각하는 것보다 행동하는 것이 훨씬 쉽다

로스차일드는 유대계의 국제적 금융 자본가다. 그가 미국 샌프란시스코에 지점을 낼 때의 이야기다. 로스차일드는 속으로 점찍어놓은 세 명의 후보자들을 한 사람씩 불렀다.

"미국에 지점을 낼 생각인데, 자네는 며칠이면 미국으로 갈 수 있겠나?"

"열흘 정도 걸릴 것 같습니다."

그는 또 다른 직원을 불렀다.

"미국에 지점을 낼 생각인데, 며칠이면 되겠나?"

"3일이면 되겠습니다."

세 번째 직원을 불렀다.

"미국에 지점을 낼 생각인데, 며칠이면 되겠나?"

"지금 당장 떠날 수 있습니다."

"좋아, 자네는 지금부터 샌프란시스코 지점장일세."

세 번째 직원의 이름은 줄리어스 메이, 훗날 샌프란시스코 최고의 갑부가 된 인물이다.

그는 이렇게 말한다.

"생각하는 것보다 행동하는 것이 훨씬 쉽다."

정주영 회장의 행동력

기업인 중에 생각과 거의 동시에 행동으로 옮긴 분이 정주영 회장이었다. 생각과 동시에 행동으로 옮기는 것, 이것이 진정 시간을 아끼는 지름길이다. 1964년, 정 회장은 단양에 시멘트 공장을 짓고 준공식을 거행하고 있었다. 그때 준공식에 참석한 정부 관계자로부터 미국 포드 자동차가 한국 진출을 위해 시장 조사를 마치고 돌아갔다는 정보를 입수했다. 즉시 정주영 회장은 미국에 있는 동생 정인영에게 전화를 걸었다. 차관 교섭을 위해 미국으로 출장 가 있던 정인영이었다.

"이봐, 당장 포드와 조립생산 계약을 맺어!"

"아니, 그런 일을 어떻게 하루아침에 합니까?"

"해보기나 했어?"

그 소리에 기가 질린 정인영은 포드 자동차 문을 두드렸고, 마침내 1967년 2월에 현대와 포드가 21:79의 지분으로 조립생산을 하기로 계약을 체결했다. 그리고는 바로 다음 해인 1968년에 울산 공장을 준공하여 국산 첫 자동차 '코티나'와 '포니'를 출고했다. 무서운 행동력이다.

행동이 일어나지 않는 것도 병이다. 이를 행동결핍증이라고 부른다. 이 분야의 전문가인 닐 피오레 교수에 따르면 일을 미루는 근원적 원인은 두려움 때문이라고 진단한다. 실패에 대한 두려움 때문이다. 꿈은 머리로 생각하는 것이 아니다. 가슴으로 느끼고, 발로 뛰는 것이다.

빌 게이츠는 말한다.

"하고 싶다는 생각이 들면 지금 당장 시작하라. 도중에 어려움도 있겠지만 몸으로 부닥치면 반드시 해결될 것이다."

just do it!

'just do it!' 스포츠용품 나이키의 등록상표이자, 나이키 브랜드의 핵심 슬로건이다. 1988년에 만들어진 이 광고로 나이키의 스포츠 슈즈 시장 점유율은 1988년 18%였던 것이, 1998년 10년 후에는 43%로 증가했다.

가장 성공한 광고 중 하나로 꼽힌다. 'just do it!' 지금 당장 행동으로 옮기라는 의미다.

대부분의 사람들은 생각과 계획만 있지 이를 즉시 행동으로 옮기지 않는다. 의외로 많은 사람들이 즉시 행동하는 것을 망설이는 이유로 시간적인 여유나 급한 일이 있어서라기보다는 아직 그렇게 행동할 만한 마음의 준비가 되어 있지 않다고 변명한다.

고3 학생들의 학습 계획서를 보면 거의가 다음 주부터, 아니면 다음 달부터다. 이번 주, 이번 달까지는 놀겠다는 이야기다. 직장인들도 마찬가지다. 아침에 30분 일찍 일어나 명상이나, 영어 공부, 아니면 아침 운동이라도 하겠다며 알람을 맞춰 놓고 잠자리에 든다. 그러나 알람이 시끄럽게 울리면 졸린 상태에서 짜증이 난다. 겨우 일어나 '중지' 버튼을 누르고는 다시 잠자리로 돌아간다. 불과 어젯밤 자신과의 약속을 깨버리는 것이다.

돈을 잘 쓰는 사람은 많지 않다. 그러나 시간을 잘 쓰는 사람은 그보다 훨씬 적다. 그래서는 '보통' 이상을 이루는 것이 불가능하다. 행동심리학자들은 모든 일은 생각났을 때 해치우는 것이 가장 효율적이라고 말한다.

그들은 이렇게 표현한다.

"가슴이 뛸 때 행동하라!"

해리 리버만이라는 폴란드 출신 미국 화가가 있다. 그는 29세에 단돈 6달러를 들고 미국으로 건너가 77세에 은퇴할 때까지 그림과는 전혀 상관없는 일을 했다. 은퇴 후 경제적 여유가 있었던 그는 노인학교에서 취미생활로 소일하고 있었다. 그러던 어느 날 자원봉사자가 할아버지를 찾아와 말했다.

"이렇게 소일하시는 것보다는 화실로 가서 그림을 한 번 그려보시지요?"

"내가? 붓을 잡아본 적도 없는데?"

"제가 보기에는 마음의 문제인 것 같습니다."

"그래요? 그럼 가봅시다."

그 길로 미술실을 찾은 그는 떨리는 손으로 처음 붓을 잡았다. 그리고는 그림을 그리기 시작하여 화가로서 화려한 제2의 인생을 살았다. 죽을 때까지 22회의 전시회를 열었고, 수백 점의 좋은 그림을 남겼다. 평론가들은 그를 미국의 샤갈이라고 극찬했다.

당신의 계획 중에서 차일피일 미루고 있는 것은 없는가? 희망사항의 나열이거나, 지나치게 추상적이거나, 아니면 진정성이 없는 계획은 행동으로 이어지지 못한다. 당신은 어느 경우인가?

오리 효과라는 게 있다. 오리는 물에만 들어가면 가만히 있어도 저절로 둥둥 뜨고, 물속에는 먹이가 있는데 뭣하러 굳이 힘든 날갯짓을 하면서 하늘을 날 필요가 있겠는가. 그게 습관이 된 오리는 위험이 닥쳐도 날지 못하고 천적에게 잡히고 만다.

일을 차일피일 미루거나 지금의 무사안일에 젖어 있다가 보면 어느덧 날지 못하는 오리가 된다. 그래서 어느 정도 안정기에 접어든 사람이나 기업은 더 이상 발전하기가 어렵다는 이야기다.

놀 때와 일할 때를 구별하라

미국의 심리학 박사이며 베스트셀러 작가인 닐 피오레는 중요한 일을 앞두고 차일피일 미루거나 시작하지 못하는 것이 게으름이나 의지박약 때문이 아니라고 말한다.

일을 미루는 것은
오히려 완벽주의와 그로 인한 압박감,
일에 몰두하지 못하는 상황에 대한 분노,
자신을 억압하는 권위에 대한 저항이자,
실패에 따른 두려움,
성공한 사람들에 대한
심리적 방어의 표현이라고 지적한다.

닐 피오레 박사는 박사학위 논문을 준비하는 학생들을 관찰한 결과, 능력에서 별 차이가 없는 학생들임에도 어떤 학생은 2년 만에 거뜬히 박사학위를 따고, 어떤 학생은 미루고 또 미루다가 몇 년씩 걸린다는 사실을 알았다.

그런데 재미있는 것은 몇 년씩 미루는 학생들일수록 항상 '박사학위' 문제에 짓눌려 있었다. 박사학위를 따기 전에는 놀아서도, 쉬어서도 안 된다고 생각하면서 스트레스를 받지만 정작 그 스트레스 때문에 착수를 하지 못하는 것이다.

반면 2년 만에 박사학위를 받는 학생들은 지인과 가족을 만나고, 충분한 휴식은 물론 친구들과도 신나게 놀았다. 놀 때와 일할 때의 구분이 없으면 항상 일을 할 것 같지만 오히려 늘 걱정만 하는 것이다. 매일 야근해도 마감에 쫓기는 회사원, 잡다한 집안일과 각종 청구서를 산더미처럼 쌓아 두고 있는 주부들은 오히려 자괴감과 죄책감에 시달린다.

계획을 세울 때는 시작Start up 시점을 명시하는 것도 중요하다.

그러나 대부분의 사람들은 할 일을 앞에 두고 차일피일 미룬다. 큰 일일수록 더욱 그러하다.

심리학자들에 의하면 단 2~3%의 사람들만이 자신의 생각을 즉시 행동으로 옮긴다고 한다. 그래서 성공하는 사람들이 2~3%밖에 되지 않는지도 모를 일이다. 좋은 생각이 있으면 지금 당장 행동으로 옮겨라.

오늘을 잡고, 내일을 믿지 마라

"오늘을 잡고, 내일을 믿지 마라."

고대 로마 시인 호라티우스의 말이다. 당신의 시간관리 사전에서 다음 단어들은 지워 버려라.

Next time

Tomorrow

Later

"우리가 어떤 일을 머뭇거리는 것은 그 일이 어려워서가 아니다. 마음의 장벽, 곧 하려고 하지 않기 때문에 어려운 것이다."

베르나르 베르베르가 쓴 〈신〉에 나오는 말이다.

지행격차知行隔差는 아는 것과 행동 간의 격차를 의미한다. 성공한 사람과 실패한 사람 간의 앎의 차이는 별로 크지 않다. 완벽한 정답을 찾기보다는 조금 미숙하더라도 시행착오를 겪으면서 행동으로 옮기는 것이 중요하다.

많은 회사들이 회의를 하고, 보고서를 작성하고, 기획서를 작성하여 프레젠테이션하면서 많은 일을 한 것처럼 착각한다. 그러나 행동으로 이어지지 않으면 아무 소용이 없다.

배리 파버는 《지금 당장 시작하라》에서 이렇게 가르치고 있다.

① 아는 것이 없으면 하고 싶은 일도 없다.

배움은 자신에게 쏟을 수 있는 가장 큰 투자이자 가치 있는 일이다. 그러나 실천과 적용이 뒤따르지 않는 배움은 무익하다. 자신이 경험하는 모든 것으로부터 가르침을 얻고, 그 가르침을 자신의 삶에 끊임없이 적용하라.

② 무계획한 행동보다 어리석은 것은 없다.

계획을 세운다는 것은 지도를 보는 것과 같다. 그 속에는 정확한 길과 올바른 방향이 표시되어 있어서, 어느 쪽으로 돌아가야 할지가 그려져 있다. 지도가 있을 때 우리는 현재의 위치를 인식할 수 있고, 원하는 곳까지 가장 좋은 길을 이용해 도달할 수 있다. 계획은 꿈과 목표를 연결하기 위해 우리가 건설하는 다리다.

③ 치밀한 노력으로 성공을 앞당긴다.

지금 이 순간에 충실하라. 미래를 위한 계획을 세울 수는 있지만, 그것을 실천하는 것은 항상 지금이다. 주의가 산만하면 바로 지금 하고 있는 일에 그 영향이 미칠 것이다. 집중력을 상실하면 목표를 상실하게 된다. 초점을 유지하라. 어떤 것에도 흔들리지 않고 업무와 하나가 되라.

④ 영향력을 발휘하면 성공이 따라온다.

다른 사람들이 당신에게 무엇인가 구입하거나 요구하는 이유는 자신에게 필요하기 때문이다. 따라서 무엇을 하든지 다른 사람이 필요로 하는 것이 무엇인지를 염두에 두고 행동하라. 지금 당신이 교류하는 사람 하나하나가 당신을 목표로 인도해주는 거대한 사슬의 연결고리다.

⑤ 에너지관리로 삶에 탄력을 유지한다.

에너지를 만회하고 비축할 시간은 누구에게나 필요하다. 당신이 가장 즐거워하는 활동을 선택하라. 1시간 동안 소파에 앉아 책을 읽거나, 테니스를 치거나, 친구와 어울려 저녁 식사를 할 수도 있다. 또 몸에 좋은 음식을 균형 있게 먹어 건강을 지켜라.

⑥ 나를 알리는 만큼 성공의 크기도 달라진다.

자기 자신을 마케팅하는 법을 배워야 한다. 당신의 독특함을 발견하라. 당신의 지식과 경험을 기초로 하는 그 독특함이, 당신의 자본이고 당신의 특별한 가치다.

⑦ 장애물은 더 큰 성공의 기회를 제공한다.

하나의 해답을 얻기까지 다양한 실험이 필요하다는 것을 기억하라. 목표에 도달하기까지 여러 번 당신의 생각을 수정하고 변경해야 할 수도 있다. 하지만 한 번 노력할 때마다 더 많은 정보를 얻을 수 있고, 그만큼 궁극적인 목표에 가까워진다는 사실을 기억하라.

25

데드라인

계획을 실천하는 행동 스위치를 켜라

외국 기업에 오랫동안 근무했던 어느 지인의 이야기다. 업무에서 오는 스트레스는 상사가 아니라, 자기 자신이더라는 것이다. 한국 기업에서는 상사의 지시에 따라 허둥대다가 하루를 소비한다. 하지만 외국 기업에서는 스스로 목표를 정하고 일하는 시스템이기 때문에, 모든 일에 스스로 데드라인 설정이 필요하다는 것이다.

프리랜서로 일하든 조직에 속해 있든, 스스로 계획하고 일하면 훨씬 더 보람을 느낀다. 그리고 스트레스도 덜 받는다.

지방 중소도시 여학교를 졸업하고 우리나라 최고 대학에 장학생으로 입학한 어느 여학생의 이야기다. 공부의 비법이 무엇이었느냐고 물었더니 대답은 아주 간단했다. 공부할 과목, 내용, 범위를 데드라인으로 적어서 책상 앞에 걸어 두고 열심히 한 것뿐이란다.

매사 데드라인을 설정하라

데드라인Deadline을 글자 그대로 해석하면 죽음의 경계선이다. 이의 어원은 미국의 남북전쟁에서 비롯되었다. 전쟁 포로들의 탈출이 잦아지자 수용소 주변에 선을 그어놓고, 그 선을 넘을 시에는 무조건 사살하라는 명령이 떨어졌다. 그래서 사선死線이 된 것이다.

사선을 넘나들고 나면 삶의 의미가 달라진다. 러시아의 대문호 도스토옙스키는 28세의 나이에 반체제 선동 혐의로 사형선고를 받고 총살 5분 전에 형 집행이 정지되어 살아났다. 그후 《죄와 벌》, 《카라마조프가의 형제들》과 같은 명작들을 쏟아냈다.

췌장암 수술을 받았던 스티브 잡스는 오늘이 생의 마지막이라면서 하루하루를 살았다.

이 데드라인이 나중에는 신문사의 기사 마감 시간이라는 의미로 사용되기 시작했다. 데드라인 시간까지 편집부에 넘기지 못한 기사는 다음 날로 넘어가거나 폐기된다는 의미다. 그래서 '기한'이나 '끝내야 할 시한' 정도의 의미로 사용된다.

데드라인은 자기최면 효과

데드라인만 잘 설정해도 시간관리의 절반은 성공이다. 데드라인은 일종의 자기최면 효과를 낸다. 데드라인을 설정하는 순간, 우리의 뇌는 이를 온 신경계에 각인시키기 때문에 무의식을 지배한다. 그래서 데드라인을 설정해두면 집중력이 훨씬 더 높아진다.

확실한 데드라인은 계획을 행동으로 옮기는 스위치 역할을 한다. 브레인스토밍을 해보면 처음에는 아이디어가 잘 나오지 않다가, 마감 시간이 가까워지면 아이디어가 쏟아지기 시작한다.

심리학 책에서 자주 인용되는 사례를 보자. 심리학자 아모스 트버스키와 엘다 샤피르는 학생들에게 긴 설문지를 작성해오면 5달러를 주겠다고 약속했다. 그런데 5일이라는 기한을 정했을 때는 60% 학생이 설문지를 작성하고 돈을 받은 반면, 기한을 정하지 않았을 때는 25%만이 설문지를 제출했다.

일을 효과적으로 추진하기 위해서는 데드라인을 정해야 한다. 데드라인은 시한이 분명해야 한다. '이 일은 내일까지, 이번 주말까지, 이번 달 말까지!' 이렇게 데드라인을 설정해두면 훨씬 더 집중하게 된다.

우리의 무의식은 기한에 쫓길수록 활성화되어 아이디어가 나오게 된다. 굳이 다이어리를 사용하지 않아도 사안별로 데드라인을 설정해두면, 마감시한이 가까울수록 두뇌가 활성화되면서 아이디어가 샘솟는다. 우리 속담에 궁하면 통한다窮卽通는 말이 있듯이 데드라인이 있으면 없던 아이디어도 떠오른다.

심리학자들은 다이어트나 자기계발이 잘되지 않는 것도 불분명한 목표와 데드라인이 없기 때문이라고 한다. 영어를 유창하게 해야겠다고 결심한다. 하지만 오늘 당장 해도 그만, 안 해도 그만이기에 흐지부지되고 만다는 것이다.

생산적 관점에서 데드라인을 즐겨라

심리학자들은 일에 데드라인을 설정해놓으면 집중력이 2~3배 정도 증가한다고 한다. 데드라인을 설정하면 몸과 마음이 그 목표를 향해 상승 작용을 일으킨다는 것이다.

일본 작가 사이토 다카시는 이렇게 말한다.

"사람이란 조건이 제한될수록 능력을 발휘하는 존재다."

데드라인 효과도 거의 같은 의미로 보인다. 마감 시간을 생산적인 관점에서 살펴보자.

의심의 여지없이 대부분의 사람들은 마감 시간을 정해놓고 일하는 것을 꺼린다. 많은 사람들이 마감 시간이라는 용어 자체를 끔찍이 싫어한다. 하지만 마감 시간은 유익하고 소중한 목적으로 쓰일 수 있다. 완성하지 못한 일을 완수할 수 있는 자질로 마감 시간을 활용하는 것이다.

사람들은 마감 시간이 주는 긴장감을 즐기지 못한다. 하지만 마감 시간은 적절한 경보가 되어 통제권을 행사하도록 한다. 대부분의 사람들은 마감 시간을 자신들을 꼼짝도 하지 못하게 하는 족쇄로 간주한다. 하지만 성공한 사람들은 데드라인의 의미, 혜택, 유리하게 이용하는 방법 등이 포괄적으로 포함된 마감 시간의 개념을 충분히 인식하고 있었다.

데드라인에는 두 가지가 있다. 종료 데드라인이 있는가 하면 시작 스타트 라인도 있다.

많은 사람들은
시작 데드라인을 찾지 못해서 미루다가
진짜로 데드라인에 걸려
쩔쩔매는 경우가 많다.
스스로 데드라인을 조절하지 못하면
결국 데드라인이
우리의 삶을 통제하게 된다.

26

프레젠테이션

15분의 감동적인 드라마, 프레젠테이션

전경련에서 직장인 800명을 대상으로 '업무에 가장 필요한 능력이 무엇이냐?'는 설문 조사를 한 적이 있었다.

그랬더니 놀랍게도 영어 능력, 유학 경험, 전공 지식, 수상 경력 등이 아니고 48.9%가 '보고 및 발표 능력'을 가장 중요하게 꼽았다. 곧 프레젠테이션이다.

프레젠테이션Presentation은 자신이 전달하고자 하는 메시지의 핵심을 짧은 시간에 전달하는 기술이며, 청중을 설득하는 기술이다. 훌륭하게 연출된 프레젠테이션 하나는 수백 개의 홍보물보다 효과적이다.

현대 경영학의 대부, 피터 드러커는 말한다.

"경영이나 경영관리의 핵심은 커뮤니케이션에 의해서 좌우된다."

피터 드러커의 수제자 격이었던 GE의 잭 웰치 회장은 임원을 뽑을 때 프레젠테이션 능력을 보고 결정했다.

잡스가 아이패드를 발표할 때였다. 당시 아이패드는 출시 59일 만에 이미 200만 대가 팔린 상태였다. 이걸 다 알고 있는 청중들 앞에서 잡스는 전혀 다른 말로 이를 표현했다.

"이 제품은 3초에 한 대씩 팔리고 있습니다."

이렇게 표현함으로써 청중들에게 숫자의 의미를 실감나게 전달하고 있다. 뛰어난 연설가로 유명했던 미국 28대 대통령 우드로 윌슨은 자신의 강연에 대해 이렇게 말했다.

"1시간이 넘는 강연은
준비 시간이 전혀 필요하지 않다.
그러나 20분짜리 강연을 준비하려면
2시간 정도가 필요하고,
5분짜리 강연을 준비하기 위해서는
하루를 꼬박 준비해야 한다."

짧은 시간에 상대를 설득하기가 그만큼 더 어렵다는 이야기다.

한 편의 감동적인 드라마처럼

프레젠테이션은 한 편의 감동적인 드라마여야 한다. 프레젠테이션 시간은 보통 15~20분이다. 30분이 넘으면 강연이 된다. 그 짧은 시간 안에 사람들에게 깊은 인상을 심어주기 위해서는 철저한 준비가 필요하다. 자신감도 넘쳐야 한다. 그리고 프레젠테이션 전 과정이 연극처럼 감동적인 스토리로 기획되어야 한다. 그래야 청중을 감동시킬 수 있다.

우리는 청바지에 검정색 터틀넥 셔츠를 입고 나타나 신제품을 소개하던 스티브 잡스의 모습을 기억한다. 스티브 잡스가 청중을 매료시켰던 것은 간결하면서도 핵심을 콕콕 찌르는 그의 프레젠테이션 솜씨 때문이었다.

한 편의 감동적인 드라마와 같은 프레젠테이션을 위한 몇 가지 조건을 정리했다.

① 간결한 내용이어야 한다.

프레젠테이션은 목적과 의도가 명료해야 하고 이에 맞게 전달되어야 한다. 발표자는 그 15~20분을 위해 무대에 서지만 일류 연기자 이상으로 자연스러워야 한다.

메시지는 감동적이면서도 오래 기억에 남을 정도로 간결해야 한다. 지나치게 많은 내용을 담으려다 보면 어느 것 하나도 제대로 전달하지 못한다.

프레젠테이션 내용을 시간 순으로 구성하면 자칫 청중이 지루하게 느낄 수 있다. 청중의 관심을 끌기 위해 먼저 문제를 제기하고 해법을 알려주는 식의 전개 방식이 유용하다. 첫머리에 결론을 살짝 내비치는 것도 방법이다.

② 구성원을 분석해야 한다.

발표장에 참석하는 구성원을 다각도로 분석하여 그들이 궁금해 하는 내용, 듣고 싶어 하는 내용을 인상 깊게 보여줘야 한다. 그러기 위해서는 완벽할 때까지 연습 또 연습해야 한다.

프레젠테이션이 물 위로 드러난 빙산이라면, 연습은 물속에 잠겨 있는 빙산이다. 물 밑에 숨어 있는 거대한 빙산은 보여주지 말아야 한다는 것이다.

이는 프레젠테이션에서 가장 중요한 것은 노력한 흔적이 보이지 않아야 한다는 점이다. 모든 예술이 마찬가지다. 노력한 흔적이 보이면 청중은 듣기에 거북해지고 짜증이 난다. 그 정도로 자연스러워야 한다는 의미다.

③ 시각화가 필요하다.

1983년, 레스토랑에서 부인과 함께 식사하던 잭 웰치는 갑자기 무슨 생각이 떠오른 듯 냅킨에 동그라미 세 개를 그리고 동그라미 안에 무언가 글자를 적었다.

'Core, High Tech, Service'

단 세 글자였다. 이것이 죽어 가던 공룡 기업 GE를 살려낸 기본 구상이었다. GE를 설립한 에디슨과 GE를 살려낸 잭 웰치는 공통적으로 스치는 아이디어 하나라도 메모하는 습관을 가지고 있었다. 그 동그라미 안에 들지 못하는 기업은 매각하거나 폐쇄 대상이었다. 잭 웰치는 이 세 개의 동그라미로 경영진과 주주들에게 자신의 구상을 설득시켰다.

④ 소도구로 연출 효과를 배가시켜야 한다.

프레젠테이션 과정을 자연스럽게 연출하기 위해 때로는 소도구도 필요하다. 스티브 잡스의 프레젠테이션에서 최고의 연출은 생수병이다. 늘 한 손에 들고 나오는 생수병은 여유이자 고도로 연출된 액세서리다. 그것이 자연스러움을 강조하는 포인트였다.

2007년 아이폰 발표장에서는 이 제품의 특징을 세 문장으로 압축해 말했다.

"우리는 오늘 세 가지 혁명적인 기기를 선보일 것입니다. 하나, 손으로 터치할 수 있는 아이팟이고 둘, 아주 새롭고 혁신적인 스마트폰이며 셋, 인터넷을 이용하여 소통할 수 있는 새로운 기기입니다. 그리고 놀랍게도 이 세 기기는 각기 다른 것이 아니라, 하나의 기기라는 것입니다. 그것을 우리는 아이폰이라고 부릅니다."

발표장을 나가는 청중의 뇌리에는 아이폰을 상징하는 세 단어만 맴돌았다. 탁월한Extraordinary, 놀라운Amazing, 미치도록 훌륭한Insanely great이었다.

초반에 청중의 마음을 사로잡아라

빌 게이츠와 스티브 잡스 두 사람은 모두 세계적인 기업의 CEO지만 프레젠테이션 기법은 반대였다.

빌 게이츠는 블루셔츠와 오피스룩을 입고 좀 더 차분하고, 안정되고, 논리적인 방식으로 접근한다. 앞에서 지적했듯이 이런 스타일은 자칫하면 단조롭기 쉽다. 이에 비해 스티브 잡스는 헐렁한 검정색 터틀넥 셔츠에 청바지를 입고 프레젠테이션을 한다. 자유분방함 그 자체다.

빌 게이츠가 좀 더 논리적으로 접근했다면 스티브 잡스는 감성과 심플함으로 청중들에게 어필하고 있다. 빌 게이츠가 한 개체에 많은 정보와 메시지를 전달하려고 한다면, 스티브 잡스는 한 개의 이미지에서 이를 스토리로 표현하고 있다.

인간의 집중력은 30초 정도라고 한다. 30초 이상 '우리의 계획은' 하고 늘어뜨리는 것은 관중의 관심을 받지 못한다는 의미다. 잡스는 서두에 전체적인 윤곽을 제시하여 청중의 주의를 사로잡은 다음, 결정적인 순간에 다시 한 번 강조하는 방법을 즐겨 사용했다.

맥북을 프레젠테이션 할 때는 노란 서류봉투에 맥북을 담아 와서는 조명을 받으며 그것을 꺼냈다. 가장 얇은 노트북이라는 것을 설명없이 보여준 것이다. 그 외에 무대 위에서의 위치, 조명, 말의 속도와 강약까지 섬세하게 짜인 연출이었다.

프레젠테이션은 발표자에게는 다소 길게 느껴질지 모르지만 청중에게는 비교적 짧은 시간이다. 그래서 시간을 분 단위로 나눠 적절히 활용해야 한다.

전문가들은 성공적인 프레젠테이션을 위해서는 처음 1~2분 안에 청중을 사로잡아야 한다고 강조한다. 오프닝 1~2분이 성공을 좌우한다. 오프닝은 첫인상과 같은 것이다. 첫인상이 좋은 사람에게는 왠지 신뢰가 가는 것과 마찬가지다.

오프닝 1~2분 사이에는 절대로 자료나 슬라이드를 봐서는 안 된다. 청중과 눈을 마주하면서 그들이 무엇을 원하는지 읽어야 한다. 오프닝에서는 에피소드, 비유, 사례, 인용구, 시사적인 문제나 강력한 비주얼 제시, 혹은 가벼운 유머로 기선을 제압해야 한다.

스티브 잡스는 프레젠테이션 오프닝에서 늘 미소 띤 얼굴에 가벼운 농담으로 청중의 호기심을 이끌어냈다. 아이맥을 발표할 때였다.

잡스는 이렇게 오프닝을 시작했다.

"오늘 아침 여러분들께 보여드릴 놀라운 것을 준비했습니다. 모든 고전 명작들이 그러하듯 저도 오늘 프레젠테이션을 3막으로 구성했습니다. 자, 무엇부터 시작할까요? 아이맥입니다."

이렇게 오프닝을 시작한 다음에 자신이 할 이야기를 3개의 스토리로 나눠 하나씩 설명한 다음, 후반부에 이르러 셋을 다시 하나로 합치면서 결론으로 이끌어간다.

프레젠테이션 연출 기법

① 제한된 시간을 효과적으로 이용하는 기법을 익혀라.

프레젠테이션 시간은 15~20분이다. 발표하는 순간마다 지금 몇 분이 흐르고 있는지를 늘 의식하면서 시간을 분배해야 한다. 30분이 넘지 않도록 유의해야 한다. 건너편 벽에 벽시계를 걸어 두는 것도 방법이다. 사람이 하나의 주제에 몰입하는 시간은 대략 15분이라고 한다. 30분이 넘으면 청중의 집중력이 떨어지기 때문에 효과가 반감된다.

② 원고를 보지 마라.

처음부터 메모를 꺼내면 전혀 준비를 하지 않은 프레젠테이션이 된다.

③ 일관된 흐름을 유지하라.

흐름에 일관성이 없으면 아무리 달변가라도 청중을 설득시킬 수 없다. 프레젠테이션의 목표를 명확히 하고 전달하고자 하는 사항을 일관된 논리로 간결하게 전달하라.

④ 시청각 기자재를 적절히 활용하라.

오감을 자극하는 비주얼 자료를 사용하여 강한 인상을 남겨야 한다. 오버헤드 프로젝터, 슬라이더, 빔 프로젝터, VCR 등 다양한 기자재들을 적절히 사용하라.

⑤ 넘치는 자신감을 가져라.

자신이 발표하려는 내용에 관해 모든 것을 다 알아야 하며, 어떤 질문에도 즉시 답할 수 있을 정도로 준비해야 한다. 그래야 자신감이 넘친다.

⑥ 설득하려는 대상을 철저히 연구하라.

소비자인가, 투자자인가를 정확히 구분해야 한다. 특히 논리적인 부분을 이야기할 때는 힘이 실린 목소리로 말해야 한다. 중간 사이사이에 적절히 감정을 실어야 청중들의 가슴에 와닿는다. 시선 처리도 중요하다. 자신감 잃은 사람처럼 허공을 쳐다봐서는 안 된다. 청중의 집중력이 흐트러질 때는 질문을 하는 것도 방법이다. 마무리 단계에서는 간략하게 본론을 요약하면서 끝을 맺는다.

27

설득

설득의 기술로 시간을 아껴라

옛날이나 지금이나 설득은 중요하다. 말과 글로 상대를 설득시킬 수 있는 사람이 이긴다. 설득의 기술을 터득하지 못하면 아무리 뛰어난 논리를 가지고 있어도 아무 소용이 없다.

설득에도 타이밍이 중요하다. 적절한 타이밍에 상대방을 설득할 수 있는 기술이 설득의 진수다.

사람들이 처음에는 당신의 말에 '저항'하다가, '경청'하게 되고, '생각'해보게 되는 순간이 다가온다. 그때가 타이밍이다. 일단 상대를 진심으로 이해하려는 자세로 상대의 말을 인정하고 들어주면 상대방도 마음의 빗장을 푼다.

설득을 수사학이라는 학문으로

체계화한 사람은 아리스토텔레스였다.

그는 설득의 3요소로

로고스(Logos), 파토스(Pathos), 에토스(Ethos)를 들었다.

논리, 감성, 신뢰를 표현하는 단어들이다.

설득은 논리와 감성을 적절히 섞어야 한다. 거기에 진정성과 신뢰를 더해야 한다. 온갖 나쁜 짓을 다하고 감옥을 제집처럼 드나들던 사람이, 어느 날 갑자기 나타나 목사가 되었다며 '예수를 믿으시오!' 한다면 진정성이 없는 것이다.

논리에 치우치면 감성이 약해지고, 감성에 치우치면 논리가 약해질 수 있다. 논리에 집중하는 유형이 빌 게이츠며, 감성에 호소하는 유형이 스티브 잡스다. 문재인 대통령의 경우는 귀납법과 연역법을 자유자재로 구사하며 숫자에도 밝다. 하지만 이런 설득형 연설은 감동이 부족할 경우가 많다. 논리와 감성의 적절한 안배가 필요하다.

한 심리학자가 재미있는 실험을 했다. 동일한 내용의 메일을 보내면서 수신자를 두 그룹으로 나눴다. 한 그룹에는 업무적인 내용만, 다른 한 그룹에는 업무적인 내용에다 '감사'의 마음을 전하는 문구를 넣었다. 그랬을 때 회신율에서 2배 차이가 나더라는 것이다. 사람은 논리만으로 설득되지 않는다는 것을 보여주는 사례다.

Buy-In

《마음을 훔치는 사람들》, 《뱀의 뇌에게 말을 걸지 마라》 등의 명저를 쓴 정신과 의사 마크 고울스톤은 말한다.

"설득은 나의 입장이나 논리로 상대방을 설득시키는 것이 아니다."

상대방의 입장이 되어 진심으로 상대방을 이해하는 것이 오히려 상대를 설득시킬 수 있는 방법이라는 것이다. 그는 사람을 설득하는 과정을 '바이 인Buy-in'이라고 표현했다.

경영 컨설턴트이기 전에 정신과 의사기도 한 저자는 '인간 본성의 함정'을 설명한다. 우리 뇌에는 상대의 입장이 아닌 나의 입장에서만 모든 것을 생각하고 판단하는 '사각지대'가 존재한다. 이 사각지대가 위험한 이유는 그 함정이 우리의 실수로 말미암아 생긴 것이 아니기 때문이다.

인간은 태생적으로 모든 것을 나의 관점에서만 본다. 하지만 '내 입장'에서 '상대의 입장'이 될 수 있는 새로운 기술들을 배우고 익힘으로써, 이런 한계를 벗어날 수 있다고 말한다. 고울스톤이 제시하는 '연결된 영향력을 위한 4가지 법칙'을 실행하면 누구나 진정한 영향력자가 될 수 있다.

① **훌륭한 성과를 상상하라.**

아웃도어 브랜드 파타고니아는 친환경 기업으로도 유명하다. 이 회사의 질 두메인 이사는 수익을 내는 것 이상의 큰 목표를 세웠다.

바로 '쓰레기를 남기지 않는 기업'이었다.

그는 "장려하고, 자극하고, 고무시켜라."는 말로 자신을 비롯한 직원들을 격려하면서 사람들의 호응을 이끌어냈고, 결국 위대한 성과를 만들어냈다.

훌륭한 성과를 내기 위해서는 위대한 목표와 더불어 평판, 인간관계가 뒷받침되어야 한다. 자신이 꿈꾸는 미래를 그리기 위해서는 나에게 도움을 주는 모든 사람을 지지해야 하며, 그들과 보다 깊은 유대감을 쌓아 가야 한다. 이런 조화가 이루어져야 진정한 영향력을 실천할 수 있는 조건이 완성된다.

② 나의 맹점을 성찰하라.

이런 조건이 갖춰진 후에는 상대가 무슨 생각을 하는지, 뭘 원하는지, 무엇을 필요로 하는지 제대로 알아야 한다. 그러기 위해서는 반드시 '내 입장'에서 벗어나 '상대의 입장'에서 생각해야 하는데, 이때 가장 중요한 것이 '경청'의 자세다.

록펠러나 P&G의 CEO 래플리는 남의 말을 경청하는 것으로 유명하다. 회의 시간에도 자신의 발언은 최소로 줄이고 다른 사람의 이야기를 열심히 듣는다.

록펠러는 이렇게 말한다.

"귀는 열고 입은 닫아라. 이것이 성공의 비결이다."

대화가 아닌 강연이라면 어떨까?

청중을 띄워 주는 대신 나를 겸허하게 낮추는 것이다. 이것은 스티브 잡스가 즐겨 사용하는 방법이었다.

상대를 조종하는 기술 정도로는 최선의 결과를 낼 수 없다. 상대도 미처 알아차리지 못하는 그 진심에까지 귀를 기울일 줄 알아야 한다. 또 무엇이 상대의 마음을 움직이게 하는지, 그 핵심을 찾아야 한다. 그의 입장에서 생각한다면 겉으로만 따르는 척하는 거짓 지지자나 내 의견에 무조건 반발하는 사람들이 아닌, 마음을 다해 협력해주고 노력해줄 팬을 얻을 것이다.

③ 상대의 관점에 몰입하라.

상대의 말을 온전히 이해하고 나면 '상대의 관점'에서 관계를 맺는 법을 익혀야 한다. 만약 당신이 승진했다면 많은 사람으로부터 '축하한다'는 인사를 받을 것이다. 하지만 그 와중에 당신의 기쁨 이면에 자리한 부담감과 책임감의 무게를 이해하는 진정어린 인사를 건넨다면 어떨까. 당연히 그 사람과 더욱 특별하고 돈독한 관계가 될 것이다.

고울스톤은 강조한다. 당장의 이익을 계산하지 말고 온전히 상대의 관점에서 생각하고 소통해야, 어떤 상황에서도 빛을 발하는 유대를 맺을 수 있다고 말이다.

④ 충분하다고 생각될 때 더하라.

어떤 일이 마무리되면 보통 그 일로 묶여 있던 사람들의 관계는 자연스럽게 끊어지는 경우가 많다. 하지만 그 관계의 끈을 끊지 않고 사소한 도움이라도 지속적으로 준다면, 그 상대가 성장한 만큼 당신에게 반드시 도움을 준다.

이만하면 됐다고 생각할 때 한 걸음 더 나아가보라. 그런 관계가 많을수록 당신은 영향력자가 된다.

테미스토클레스와 처칠의 설득력

미국 독립의 아버지 토마스 제퍼슨은 고대 그리스의 정치가이자 군인이었던 테미스토클레스가 자신의 정신적 멘토였다고 말한다. 테미스토클레스가 아테네에서 활동하던 당시 동쪽에는 다리우스 대왕이 페르시아 제국을 건설한 후 이집트를 정복하고서, 다음 차례로 그리스 반도와 그 섬들을 노리고 있었다.

그리스는 6천여 개의 섬을 가진 섬 부자다. 기원전 490년, 다리우스 대왕은 '물'과 '흙'을 달라며 사절단을 아테네에 보냈다. 물과 흙은 항복하라는 암시였다. 그러나 아테네는 사절단을 지하 감옥에 가두고 말았다.

드디어 다리우스는 600척의 배에 보병 2만, 기병 800명을 아테네로 보냈다. 여기에 맞서는 아테네의 육군은 절반 정도, 그러나 기적같이 아테네가 승리를 거뒀다. 이것이 그 유명한 마라톤 전쟁이다.

당시 아테네의 지도자가 테미스토클레스다. 그는 마라톤에서 패한 페르시아가 분명 더 많은 함선과 군대로 다시 아테네를 침공할 것임을 꿰뚫고 있었다. 페르시아가 대대적으로 선박을 건조하고 있었기 때문이다.

문제는 전쟁 자금이었다. 고민을 거듭하고 있을 때 아테네 근처에서 질 좋은 은광이 발견되었다. 시민들은 이를 나눠 가지자며 들뜨기 시작했다.

여기서 테미스토클레스의 설득이 시작된다.

"마라톤 전쟁에서 패한 페르시아는 분명 다시 쳐들어올 것이다. 이대로라면 아테네는 패망할 것이고, 당신들이 가진 재산도 모두 빼앗길 것이다."

나아가 이에 맞서기 위해서는 아테네도 해군력을 증강해야 한다고 주장하면서, 은광에서 나오는 돈을 나눠 가질 게 아니라, 모두 함선 건조에 사용해야 한다고 설득했다. 이러한 설득에 대해 부유층은 대체로 동의했으나 서민들이 반대했다. 서민들은 돈이 필요하다는 것이었다.

이에 테미스토클레스는 다시 한 번 서민들을 설득했다.

"배를 만드는 동안 충분한 일거리를 만들어 은을 나눠 갖는 것보다 더 나은 수익을 보장해주겠다."

마침내 페르시아가 800척의 함선으로 침공해왔다. 이에 맞서는 아테네 해군은 370척, 그러나 아테네 해군은 대대적인 승리를 거뒀다. 이것이 그 유명한 살라미스 해전이다. 영화로도 나왔다. 테미스토클레스의 살라미스 해전과 충무공의 명량 해전은 아주 닮은꼴이다. 대

규모 함선을 조류가 급하고 험한 병목으로 유인하여 궤멸시킨 사례다. 모두 세계 4대 해전에 기록되어 있다.

처칠이 영국의 총리로 취임한 것은 1940년이었다. 당시 유럽의 사정은 암울했다. 히틀러의 독일이 유럽을 하나씩 삼키고 있는 상황이었다. 1938년에는 체코와 오스트리아를, 1939년에는 폴란드를, 그리고 1940년에는 프랑스를 삼켰다. 이제 영국 차례였다. 연일 런던 공습이 이어지자 히틀러와 협상하라는 목소리도 높았다. 처칠은 총리 취임식에서 자신의 진심을 담아 국민들에게 호소했다.

의회 연설에서 처칠은 이렇게 호소했다.

"저는 영국 국민을 위해 피와 땀과 눈물 이외에는 아무것도 바칠 것이 없습니다."

그러면서 악의 세력인 나치에 반드시 승리할 것임을 맹세했다. 유럽에서 나치 독일을 이긴 나라는 영국뿐이다.

28

회의

문제가 많은 조직은 늘 회의만 한다

한 대기업 인사 담당자로부터 다소 의외의 이야기를 들었다. 직장인들이 출근해서 퇴근할 때까지 업무에 몰두하는 시간은 대략 2~3시간 정도밖에 안 된다고 한다. 4시간 정도 일에 몰입하는 사람은 우수 사원이란다. 그럼 나머지 시간은 다 뭐란 말인가?

그의 설명에 의하면 나머지 시간은 회의, 잡담, 이메일 작성, 인터넷 서핑, 사적인 일 등에 낭비된다고 한다.

관리자급이 되면 아침에 출근하여 차 한 잔 마시고, 회의하고, 몇 가지 업무 지시 내리고 나서, 여기저기 전화를 걸어 점심 약속하면서 오전을 보낸다. 오후에는 거래처 방문을 핑계로 외출하거나, 심지어

사우나에서 시간을 보낼 때도 많다. 하지만 그중에서도 가장 낭비적인 것이 바로 회의다.

가장 회의적인 것이 회의다

회의는 잘하면 중지를 모으는 '회의會議'지만 잘못하면 '회의懷疑'가 된다. 회의 자체야 필요한 것이지만 우리나라 기업이나 조직의 회의는 거의 낭비 수준이다. 직장인들의 설문 조사에서 가장 낭비적인 것으로 지목된 항목이 '회의 시간'이었다.

대부분의 회의는 목적이 불분명하다. 사전에 주제도 알려주지 않고 무작정 회의를 소집한다. 참석자들의 자유로운 의견 개진도 거의 불가능하다. 대부분은 침묵하면서 듣기만 한다. 몇 시간 동안 실적 부진에 대한 질책을 듣고, 결론적으로 윗사람 훈시로 마무리하는 게 우리나라 회의장의 모습이다.

그래서 회의는 따분하고, 무겁고, 졸리기만 한 시간이라고 말한다. 이런 회의는 하지 말아야 한다.

상공회의소에서 상장 기업 직장인 1천 명을 대상으로 조사한 회의에 대한 직장인들의 태도를 보면 평점이 100점 만점에 45점이었다.

그들이 지적한 회의의 문제점은 다음과 같다.

① 불필요한 회의가 너무 많다.

② 불필요한 참석자가 너무 많다.

③ 회의로 낭비되는 시간이 너무 많다.

회의의 소통 문제 또한 불만이었다. 사전 의제 공유가 너무 미흡하고 상사의 의견을 강요하는 회의, 회의에서 침묵하는 직원이 많은 것을 지적하고 있다. 회의의 성과에 있어서도 명확한 결론이 없으며, 회의 결과가 실행으로 연결되지 않는 경우가 대부분이다.

IBM의 루 거스너 전 회장은 '기업 변화의 시발점으로 회의 혁신'을 주장하면서 회의가 바뀌어야 조직이 바뀔 수 있다고 강조한다.

웃기는 회의도 있다. 오래전 어느 기업 홍보부에서 기자들에게 점심을 사면서 이런 발표를 했다.

"앞으로 우리 회사의 모든 회의는 '영어'로 진행한다."

필자는 그 이야기를 듣고 쿡쿡 웃었다. 그게 3개월 이상 이어진다면 내가 '성'을 바꾸겠다. 아니나 다를까, 딱 한 번 그것도 유학파 한 사람이 5분 동안 현황 설명 한 번 하고는 끝이었단다. 이런 허위의식은 버려야 한다.

한 외국의 외교관이 말해줬다.

"많은 한국인들이 영어를 할 수 있다. 그러나 한국인들은 토론할 줄 모른다. 그것이 한계다."

토론 문화가 성숙되지 않은 한국에서 영어로 토론한다는 것은 영어를 잘하는 사람도 불가능하다는 말이었다. 그 회사, 꽤나 잘 나가던 중견 기업이었는데 지금은 쪼그라들어 명맥만 유지하고 있다. 참으로 한심한 발상이다.

회의 참석자들의 반응도 한심하다. 어느 기업이 신사업에 많은 돈을 투자했으나 실패했다고 말하자, 임원들이 수군대기 시작했다.

"내 그럴 줄 알았어. 처음부터 무리한 사업이었어."

"모두가 찬성하는 분위기라서, 나 혼자 반대할 수 없었어."

좀 더 창의적인 회의를 위해서는 회의 주제, 목적, 참석자 명단을 사전에 나눠줘야 한다. 그래야 참석자들이 자신의 의견을 충분히 다듬을 수 있다. 회의 종료 시간까지 명시하면 더 좋을 것이다. 스마트폰 사용은 지위고하를 막론하고 금지해야 한다.

회의실 금지어를 정한 기업도 있다. 애매모호한 발언을 제한하기 위함이다. '다음에', '어쩌면', '거의', '가능한', '최선' 등이다.

아무도 원치 않은 결론

회의를 잘못하면 아무도 원치 않은 결론에 이를 수 있다. '애빌린의 역설Abilene paradox'이라는 것이 있다. 누구도 원하지 않은 결론이 나기 쉽다는 역설이다.

어느 주말 딸과 사위가 부모님 댁을 찾았다. 인사를 나눈 후 TV를 보면서 무료한 시간을 보내던 중 장인이 말했다.

"우리 애빌린에 가서 외식이나 할까?"

이에 가족들은 170km나 떨어진 애빌린까지 가서 그저 그런 식사 한 끼를 먹고서 돌아왔다. 그러나 이는 누구도 원치 않았던 일이었다. 장인은 모두 무료해 보이기에 그냥 한 말이었고, 장모는 남편이 하자니 반대하지 못했고, 딸과 사위는 장인과 장모가 원하니까 반대하지 못한 것뿐이었다.

애빌린 패러독스는 조직에서 조직원들이 싫어도 반대할 명분이 없거나 귀찮아서 동조했다가, 결과가 좋지 않으면 서로 욕하고 헐뜯는 경우를 가리킨다. 조지워싱턴 대학의 제리 하비 교수에 의해서 정립된 개념이다.

집단사고의 함정이라는 것도 있다. 성향이 비슷한 사람들이 모이면 쉽게 반대할 수 없다는 것이다. 케네디의 피그만 침공 사건이 그러했다. 하버드 대학 동문들이었던 케네디의 참모들은 만장일치로 찬성했지만 참담한 실패였다.

GM 자동차의 전성기를 이끈 솔로안 회장은 취임하면서 반대가 없는 의견은 실행하지 않겠다고 미리 선포했다. 반대가 없다는 것은 참석자들이 안건을 검토해보지 않았거나 자신의 진심을 숨기기 때문이라는 것이었다.

'극단화 현상'이라는 것도 있다. 약간의 보수적인 의견과 약간의 진보적인 의견을 가진 사람들이 있다. 이 사람들은 회의나 토론을 하기 전에는 조금 보수적이거나 조금 진보 성향이었을 뿐이지만, 회의에서 격렬하게 토론하고 나면 골수 보수나 골수 진보로 바뀐다는 것이다. 자신의 의견을 합리화하기 위해 더욱 강해진다는 의미다.

효율적인 회의를 위한 조언들

① 회의는 짧고 간략하게 해야 한다.

국내 한 기업에서는 1 : 5 : 10 제도를 회의에 도입하고 있다. 회의는 1시간을 넘기지 말 것이며, 회의 자료는 5장을 넘지 말 것이며, 그 밖에 회의에서 지켜야 할 10가지 원칙을 실천하자는 캠페인이다. 10가지 원칙에는 회의 목적과 시간 명시, 참석 인원 최소화, 회의 자료 사전 공유, 10분 전 참석 등의 내용을 담고 있다.

시간이 길다고 좋은 의견이 나오는 것은 아니다. 1시간도 길다. 요즘에는 '30분 회의'도 길다며 '3분 회의'를 도입한 기업도 있다. 업무와 관련된 다른 부서의 사람과 복도에 있는 자판기 앞에서 커피 한 잔 뽑아 들고 3분 동안 커뮤니케이션을 한다. 전화로도 나눌 수 있는 대화지만 서로 얼굴을 보면서 나눈 대화이기에 신뢰와 진정성이 있다는 것이다.

회의 비용 공유제를 운영하고 있는 기업도 있다. 회의 시간 동안 그곳에 참석하는 사람들의 인건비와 회의 준비에 드는 비용 등을 계산하여 회의 자료 전면에 기록하는 것이다. 이 회의가 얼마짜리 회의라는 것을 각인시켜줌으로써 낭비되는 요소들을 줄여보자는 취지다.

② 자유로운 분위기여야 한다.

회의는 무엇보다 참석자들이 자유롭게 자신의 의견을 말할 수 있어야 한다. 그렇지 않으면 직위가 높은 사람, 목소리가 큰 사람, 개성이 강한 사람, 소위 말하는 전문가라는 사람의 의견으로 결론이 나는 경우가 많다. 우리나라 기업의 회의 형태는 대부분 권위적이다. 윗사람의 권위로 회의를 이끌어가는 형태다.

요즘은 커피 브레이크 회의도 있다. 특정 프로젝트에 관련된 직원들 몇 명이 커피 한 잔씩을 들고 의견을 나누는 것이다. CEO가 참석하는 회의보다 오히려 이런 회의가 더 좋은 결과를 낸다.

국내 한 대기업에서는 매월 마지막 주 수요일에 실적 평가 회의가 열린다. 딱딱한 분위기의 회의실이 아니라, 맥주까지 곁들이며 자유롭게 의견을 개진하는 자리다. 온라인 쇼핑몰을 운영하는 벤처 기업 제로마켓은 회의실이 아닌 회사 근처 커피숍에서 회의를 한다. 격의 없는 자유로운 의사소통을 위해서다.

회의는 설계하기에 따라 전혀 다른 결과가 나온다. 구성원의 면면, 진행, 기조연설, 회의장 분위기 등이 영향을 미친다. 당신이 책임자라면 회의를 어떻게 설계할 것인가?

회의가 열릴 때마다 직접 설계하는 연습을 해보라.

회의만 하는 조직은 필히 망한다

1차 중동전은 참 재미있는 전쟁이었다. 전쟁의 주체였던 이집트와 이스라엘의 전력은 애초 비교가 되지 않았다. 이스라엘은 공군기는 물론 탱크 한 대 없었지만 압도적인 전력을 보유했던 이집트를 이겼다. 이스라엘 민병대는 병사 둘이서 총 한 자루를 돌려쓰고, 할머니까지 전투에 참가했다. 그러나 이와 맞서는 이집트 군 젊은 장교들은 보고서 작성에만 몰두했다. 귀족들로 구성된 고급 장교들은 아예 놀고만 있었다.

이스라엘에 충격적인 패배를 당한 이집트의 젊은 장교 나세르는 쿠데타 계획을 세웠다. 그러나 거병 직전 정보가 새는 바람에 위기를 맞았다. 정보를 입수한 이집트 군 수뇌부는 연일 회의만 했다. 나세르는 이들이 회의만 하고 있음을 직감하고 소수 정예의 병력으로 회의장을 급습하여 군 수뇌부를 모두 체포했다. 여기서 나온 명언이 하나 있다.

보고서 많이 쓰고,

회의만 하는 조직은

필히 망한다!

아래는 효과적인 회의를 위해서, 분명히 지켜야 할 규칙들을 정리했다.

- 회의 주제를 사전에 분명히 밝힌다.
- 시간, 장소, 종료 시간도 사전에 공지하는 것이 좋다.
- 회의 자료를 사전에 배포하여 참석자가 자신의 의견을 준비할 시간을 줘야 한다.
- 나와 의견이 다르더라도 다른 사람의 의견을 끝까지 경청한다.
- 쉬운 용어를 사용한다.
- 아랫사람들의 의견을 자유롭게 말할 수 있는 분위기를 조성한다.